BERND MAYER · GERT RÜCKEL

RUNDWEGE
Bayreuth

Ein Wegweiser mit 7 Rundgängen durch die Stadt
und einigen Ausflügen in die Umgebung

HEINRICHS-VERLAG GMBH
Bayerische Verlagsanstalt Bamberg

Inhalt

Stadthistorie: Bayreuth
und seine drei Welten 4

Rundweg 1 – Der historische Stadtkern
(ca. 1½ Stunden)

Neues Rathaus – Kongress- und Tourismuszentrale – La-Spezia-Platz/Schlossterrassen – Bürgerspital/Spitalkirche Marktplatz – Sophienstraße – Altes Rathaus/Kunstmuseum – Stadtkirche – Friedrichstraße – Stadthalle – Neues Schloss – Regierung von Oberfranken – Sternplatz – Altes Schloss 12

Rundweg 2 – Auf Richard Wagners Spuren
(ca. 1½ Stunden)

Sternplatz – Markgräfliches Opernhaus – Synagoge – Iwalewa-Haus – Haus Wahnfried – Jean-Paul-Museum – Franz-Liszt-Museum – Hofgarten – Freimaurer-Museum – Sternplatz 31

Rundweg 3 – Auffahrt zum Festspielhaus
(ca. 1 Stunde)

Bahnhof – Festspielpark – Festspielhaus – Bürgerreuth – Siegesturm – Wilhelmsplatz/Christuskirche – Bahnhof 41

Rundweg 4 – Barockstadt St. Georgen
(ca. 1½ Stunden)

Brandenburger Straße – Stiftskirche – Markt St. Georgen – Ordenskirche – St. Georgener Friedhof – Ordensschloss – Prinzessinnenhaus – Gefängnis 49

Rundweg 5 – Im Zaubergarten der Markgräfin
(ca. 2 Stunden)

Rollwenzelei – Königsallee – Philippsruh – Eremitage – Lohengrin-Therme 56

Altes Rathaus mit Kunstmuseum.

Rundweg 6 – Die Uni auf dem Campus

(ca. 3 Stunden)
Röhrensee – Universität mit Ökologisch-Botanischem Garten – Schloss Thiergarten   68

Rundweg 7 – Stadtfriedhof und Schloss Fantaisie

(ca. 2 Stunden)
Stadtfriedhof – „Fantaisie" mit Deutschem Gartenkunstmuseum in Donndorf/Eckersdorf   73

Ausflugsziele in der Umgebung

Ausflüge und Stippvisiten   78

Geschichte in Zahlen

Fakten und Daten   80

Bedeutende Persönlichkeiten   81

Schnell gefunden

Alphabetisches Verzeichnis   82

Wichtiges in Kürze   83

Stadtplan

Umschlagklappe hinten

Rockkonzert in der Oberfranken-Halle.

Bayreuth und seine drei Welten

Eine über 800-jährige Stadthistorie, aber nur drei entscheidende Jahrzehnte

In der Geschichte einer Stadt sind es manchmal nur wenige Jahrzehnte, die prägend sind für ihre Bedeutung und ihre Identität. Bayreuths Schicksal entschied sich in zwei Jahrzehnten des 18. Jahrhunderts und in einem Jahrzehnt des 19. Jahrhunderts. Das kostbare Erbe dieser vergleichweise kurzen Zeitspannen sind das Bayreuther Rokoko der Markgräfin Wilhelmine und Wagners Festspiele, so grundverschieden beide Welten auch sind.

Plan der Stadt Bayreuth aus der Vogelschau nach 1605. Älteste Ansicht der Stadt. Blick von Norden.

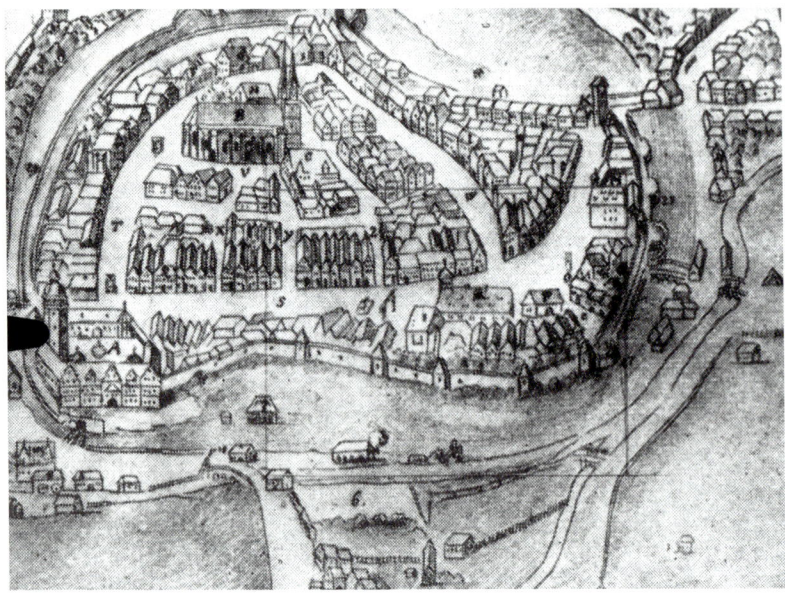

Es soll in diesem Zusammenhang nicht verschwiegen werden, dass die Stadt ihr höchstes Glück Persönlichkeiten verdankt, die mit Geld nicht umgehen konnten. Dem Himmel sei Dank, könnte man nachträglich anfügen. Das verschwenderische Fürstenpaar Friedrich und Wilhelmine mehrte das Wohl der Stadt ähnlich nachhaltig wie Richard Wagner, der genialische sächsische Schuldenmacher mit dem missionarischen Drang, der auf dem Grünen Hügel seine kühne Vision verwirklichte.

Doch neben dem Rokoko-Bayreuth und der Festspielstadt gibt es noch eine dritte Stadtdimension. Es ist die fränkisch-biedermeierlich-kauzige Gegenwelt des Dichter-Klassikers Jean Paul, von der sich noch manche Spuren im Stadtgebiet finden. Eines hatten die drei lokalen Säulenheiligen der Stadthistorie miteinander gemeinsam: Sie waren sozusagen Zugereiste, die zeitweise Hohn und Häme über Bayreuth ausgossen, aber letztlich doch nirgendwo anders leben wollten.

Kauziges Genie: der Dichter Jean Paul um 1820. Ölporträt im Rathaus.

Lokalkolumnist „Wafner" hat daraus die Erkenntnis abgeleitet: *„Bayreuth schafft jeden."*

Mit ihrer Einwohnerzahl von rund 73 000 repräsentiert die Stadt immerhin ein knappes Tausendstel der Republik. Jahrhunderte lang war sie freilich nur ein wenig beachtetes Provinznest. Die Stadthistorie zerfällt in zwei fast gleich lange Hälften. Aus der ersten, eher unbedeutenden Hälfte von immerhin vierhundert Jahren ragen vor allem negative Ereignisse hervor. Gegründet wurde Bayreuth als herrschaftliche Burgsiedlung der Grafen von Andechs wohl um die Mitte

des zwölften Jahrhunderts, doch die erste urkundliche Erwähnung als „Baierrute" (Rodung der Bayern) erfolgte erst im November 1194. Ein Treppenwitz der Lokalhistorie: Der allererste Bayreuther, der aus dem Dunkel der Geschichte ins Licht eines Chronisten trat, war ausgerechnet ein Geistesgestörter.

Stadtwappen, 1457 von Markgraf Albrecht Achilles verliehen

Das Gemeinwesen entwickelte sich zunächst keineswegs ungünstig. Nach 1260 geriet der inzwischen zur Stadt erhobene Ort für über ein halbes Jahrtausend unter die Herrschaft der Hohenzollern. Die historischen Quellen für die ersten zweieinhalb Jahrhunderte sind jedoch ausgesprochen spärlich, denn im Hussitensturm vom Februar 1430 blieb von der Stadt nicht viel mehr übrig als ein rauchender Trümmerhaufen. Von den wenigen Baudenkmälern, die in die Zeit vor 1600 zurückreichen, ist die Stadtkirche zur Heiligen Dreifaltigkeit das Bedeutendste.

Schon zu Beginn des 17. Jahrhunderts erfährt Bayreuth eine entscheidende Aufwertung. Markgraf Christian, ein herausragender, charaktervoller Landesherr in katastrophenreicher Zeit, verlegt 1603 die Residenz von der Kulmbacher Plassenburg ins hiesige Alte

Ansicht von Bayreuth um 1720. Kupferstich von Johann Peter Demleutner

Schloss. In seine 52-jährige Amtszeit (bis 1655) fallen zwei Stadtbrände und der Dreißigjährige Krieg, der für das evangelische Bayreuth eine schwere Leidenszeit mit sich bringt. Zu berichten ist freilich auch von zwei erfreulichen Ereignissen. Seit dem Jahr 1610 besitzt die Stadt mit dem achteckigen Schlossturm ihr zweites Wahrzeichen neben den Stadtkirchentürmen. Für die heimische Bevölkerung dürfte langfristig wohl nicht weniger wichtig gewesen sein, dass um 1650 die ersten Kartoffeln ins Land kamen, aus denen später die Bayreuther Leibspeise – die „Kleeß" (Klöße) – entwickelt werden konnte.

Schlossturm als Wahrzeichen

Biedermeierliches Bayreuth um 1825. (Ansicht von Norden)

Weitere wichtige Regenten waren der Markgraf Christian Ernst und sein Sohn Georg Wilhelm, die Bayreuth durch sechseinhalb Jahrzehnte (bis 1726) geleiteten. Georg Wilhelm brachte als junger Erbprinz sogar das pittoreske Kunststück fertig, Seeschlachten auf dem Brandenburger Weiher vor den Toren der Stadt abzuhalten. Die Heirat der preußischen Königstochter Wilhelmine, der Schwester Friedrich des Großen, mit dem Bayreuther Erbprinzen Friedrich leitet dann 1731 eine neue Stadtepoche ein, die im Stadtbild bis heute prachtvoll dokumentiert ist – mit dem

Wilhelmines Stadtepoche

7

Markgräflichen Opernhaus und der Eremitage als Glanzpunkten. In der Regierungszeit von Friedrich (1735–1763) wird das Duodezfürstentum zum Musensitz mit europäischer Ausstrahlung, wenn auch mit ruinierten Kassen. 1742 wird die Stadt sogar vorübergehend zum Sitz einer Universität, die indes schon nach 471 Tagen nach Erlangen verlegt wurde. Über achtzig Häuser wurden unter dem „Bayreuther Augustus", wie Markgraf Friedrich von Zeitgenossen gepriesen wurde, von bedeutenden Architekten wie Carl Gontard und Saint Pierre errichtet. Geschlossen erhalten blieb die Prachtstraße im Stadtkern, die Friedrichs Namen trägt.

Nach Friedrichs Tod und nach einem sechsjährigen Interim durch einen fürstlichen Sonderling wurde Bayreuth dann von Ansbach aus regiert, bis schließlich der letzte Markgraf Alexander die beiden Fürstentümer Ansbach und Bayreuth 1791 an den König von Preußen abtrat. In der Folgezeit leitete der große Staatsmann Karl August Freiherr von Hardenberg die politischen Geschicke, bis Bayreuth 1806 für einige Jahre französische Provinz wurde. Napoleons Gouverneur Camille de Tournon verdankt die Region übrigens

2. August 1873: Richtfest für das Festspielhaus (nach einem Holzstich).

eine höchst amüsante Beschreibung von Land und Leuten, die mit einigen zeitlosen Wahrheiten gespickt ist. Von einem genialen Lästermaul, dem Dichter Jean Paul (von 1804 bis 1825 Bürger dieser Stadt) stammt die boshafte Bemerkung: Bayreuth habe den Fehler, das zu viele Bayreuther darin lebten.

Das Festspielhaus mit Hitler-Bild (April 1939). 1945 muss die Stadt ihre exponierte Stellung im Dritten Reich bitter büßen. Unten: Zerstörtes Altes Schloss.

Im Jahr 1810 fällt die Residenzstadt, nachdem aller fürstlicher Glanz entwichen ist, in das beschauliche Dasein eines Provinznestes zurück. Aus ihm wird sie erst von Richard Wagner erlöst. Der Komponist verwirklicht hier unbeirrbar seine utopisch anmutende Festspielvision, auch wenn er sich dabei zeitweise am Rand des Ruins bewegt. Der Grüne Hügel wird in den folgenden Jahrzehnten zu einem Wallfahrtsort der Belle Epoque.

Nach dem Ersten Weltkrieg geraten die Festspiele unter dem Eindruck des verlorenen Krieges in völkisches Fahrwasser. Im Dritten Reich erscheinen sie gar als „Hitlers Hoftheater", wie Thomas Mann die kompromittierende Nähe zum NS-Regime bewertete. Die braune „Gauhauptstadt" muss ihre privilegierte Stellung im Dritten Reich bitter büßen: 38 Prozent der Gebäude werden bei den drei schweren Bombenangriffen im April 1945 zerstört. Nur mühsam erholt sich in der Folgezeit die Ruinenstadt

vom tiefen Fall nach dem Konkurs des Dritten Reiches.

1951 gelingt den beiden Wagnerenkeln Wieland und Wolfgang der radikale Bruch mit der Vergangenheit, verbunden mit einer revolutionären künstlerischen Konzeption. „Neu Bayreuth" wird zum Ort der Innovation und der Provokation. Nach dem Tod des Bühnen-Reformators Wieland Wagner 1966 übernimmt Bruder Wolfgang die alleinige Führung des Weltkulturunternehmens. Seit 2008 teilen sich die Wagnerurenkelinnen Eva und Katharina die Festspielleitung. Doch Bayreuth lebt nicht von Wagner allein. In den 50er Jahren wird die ungesunde wirtschaftliche Monostruktur als Textilstadt durch neue Industriebetriebe aufgelockert. Zum wichtigsten Betrieb wird die British American Tobacco (BAT).

Bayreuths schönste Straße: die Friedrichstraße aus dem 18. Jahrhundert.

Das bedeutendste Ereignis der jüngeren Stadtgeschichte ist die Gründung der Universität, die im Herbst 1975 ihren Lehrbetrieb aufnimmt. Die junge

… EGT DEN GRUNDSTEIN ZU SEI …

ehrgeizige Hochschule verschafft sich schnell einen exzellenten Ruf – und sie wirkt wie ein Adrenalinstoß auf die ganze Stadt. Die Attraktivität Bayreuths wird außerdem durch eine einzigartige Museenvielfalt (vom Kunstmuseum bis zum Biermuseum) gestärkt, durch hervorragende Sportstätten und nicht zuletzt durch die Lohengrin-Therme (seit 1999).

Grundsteinlegung für die Universität Bayreuth durch Kultusminister Prof. Hans Maier (23. März 1974).

Moderne Kunst auf dem Campus der Universität.

Rundweg 1 –
Der historische Stadtkern

Am Beginn unseres ersten Rundwegs steht ein Panoramablick aus höherer Warte: Von der Dachterrasse des *Neuen Rathauses* ① bietet sich ein prächtiger Rundblick auf die historische Innenstadt und die sanfte Hügellandschaft der Umgebung. Die Gegend hat einst den wortgewaltigen oberfränkischen Dichter-Klassiker Jean Paul so sehr fasziniert, dass er sich am liebsten in sie „einbohren" wollte. In den letzten fünfzig Jahren wurde indes der landschaftliche Liebreiz durch Hochhäuser und monotone Siedlungen geschmälert. Immerhin erscheint von hier oben der Mikrokosmos Bayreuth einigermaßen übersichtlich: Im Norden die Kultur auf dem Grünen Hügel, im Osten die Indus-

Neues Rathaus

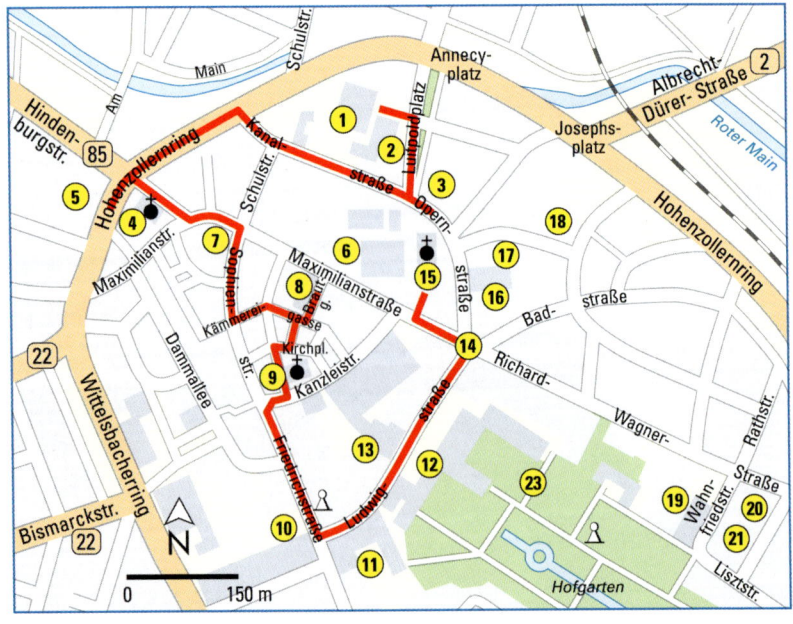

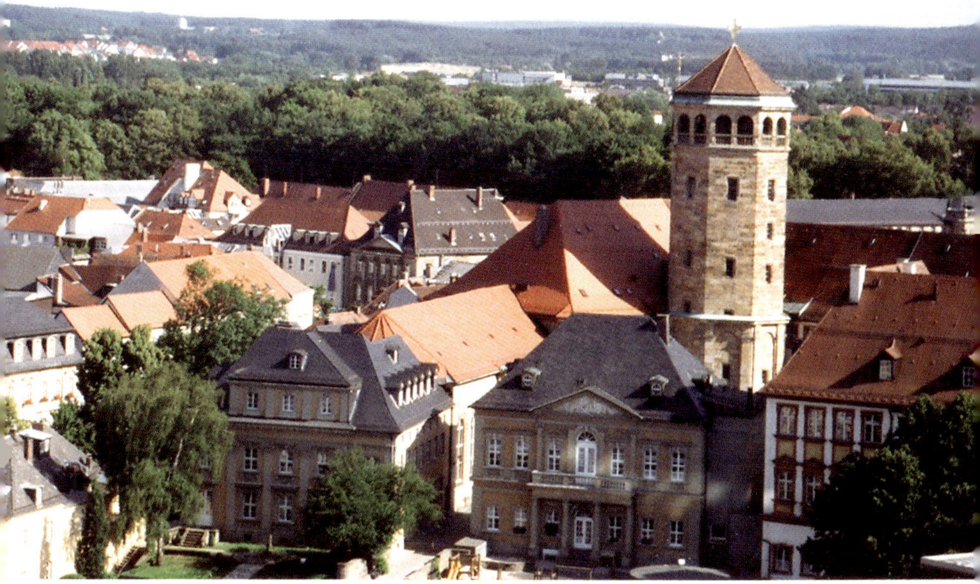

Panoramablick von der Dachterrasse des Rathauses.

trie, im Süden die Bildung (Universität) und im Westen die Gesundheit (Klinikum).

Auf dem Rathausplatz stand einst das schönste Haus der Stadt, das *Reitzenstein-Palais*. Im Modernisierungswahn der sechziger Jahre machten die Stadtväter mit den Resten des im Krieg zerstörten Baudenkmals kurzen Prozess. Mit dem modernen Rathaus-Neubau mit seinen 13 Geschossen wollten die Stadtväter ein drittes Wahrzeichen neben Schlossturm und Stadtkirche schaffen – ein Anspruch, der heute eher Spott hervorruft. Zeitlos attraktiv erscheint hingegen der *Kugelbrunnen* des Wunsiedler Künstlers Günter Rossow auf dem *Rathaus-Vorplatz*. Im Sommer lädt er die Kinder zum Planschen ein, doch den größten optischen Reiz entfaltet er im Winter: Je frostiger

Kugelbrunnen vor dem Rathaus.

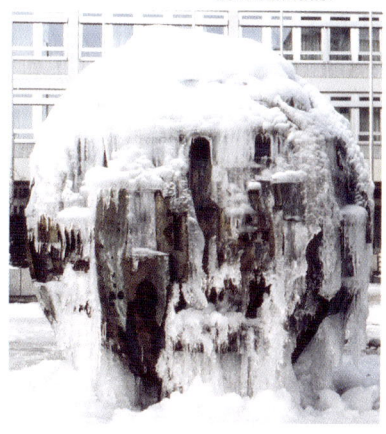

die Temperaturen, desto prächtiger verbinden sich die Eiskristalle mit den Metallteilen.

Vom Rathausplatz erreichen wir nach wenigen Schritten die *Kongress- und Tourismuszentrale* ②. Von hier geht der Blick zum Schlossberglein mit dem edelsten Bauensemble der Innenstadt. Dem achteckigen Schlossturm vorgelagert sind das *Gontard-Haus* und das *Harmonie-Gebäude*, die uns die frühe Meisterschaft des Architekten Carl Gontard (1731–1791) vor Augen führen. Der Baumeister, der später im Dienst Friedrich des

1972 eingeweiht: Neues Rathaus mit Dachterrasse.

Großen das Stadtbild von Berlin und Potsdam prägte, hat hier Formen des ausgehenden Rokoko mit frühklassizistischen Zügen verbunden.

Schlossterrassen

Der vor einigen Jahren neu gestaltete Bereich der *Schlossterrassen* wurde zu Ehren von Bayreuths italienischer Partnerstadt *La-Spezia-Platz* ③ benannt. Genau gegenüber fließt der Mühlbach, den der Bay-

Am Schlossberglein – Bayreuths schönstes Bauensemble.

reuther Volksmund zum *„Canale grande"* erhoben hat. Dieser Seitenarm des *Roten Mains* wurde Ende der 90er Jahre freigelegt – wohl auch ein Akt der Wiedergutmachung für den brutalen Umgang mit den Stadtgewässern in früherer Zeit. 1968 war der Main im Kreuzungsbereich Luitpoldplatz/Bahnhofstraße/Hohenzollernring auf einer Länge von über 170 Metern unter Beton versteckt worden – „City-Erweiterung" nannte man das damals.

„Canale grande"

Auf unserem Rundweg biegen wir unterhalb der *Schlossterrassen* nach rechts in die Kanalstraße ein, deren Kanal – ein Seitenarm des Roten Mains – ebenfalls Ende der sechziger Jahre zubetoniert wurde. Nach dem Sandsteinbau der alten *Graserschule* (ihn ziert seit Sommer 2005 das frühere monumentale *Glockenspiel* des Neuen Rathauses) erreichen wir den *„Hohenzollernplatz"*, seit 2007 als *zentraler Busbahnhof* eine Drehscheibe der Innenstadt. Auf dem weiteren Weg entlang der alten *Stadtmauer* kommen wir an zwei *Steinreliefs* mit Opernmotiven vorbei, Relikte des monumentalen Leipziger *Richard-Wagner-Nationaldenkmals,* das nie vollendet wurde.

„Canale grande" – *der freigelegte Mühlkanal (Mainarm) in der Opernstraße*

Am *Mühltürlein* – der Name erinnert an das 1895 abgebrochene letzte Stadttor – stehen wir dann vor dem historischen *Bürgerspital* ④, in dem das *Stadtarchiv* untergebracht ist. Gleich daneben führt eine Brücke über den vierspurigen Stadtkernring. Sie verbindet die historische Innenstadt mit dem 1997 eröffneten *Rotmain-Center* ⑤, dem Flaggschiff der Einkaufsstadt Bayreuth.

Rotmain-Center

Vom Mühltürlein erreichen wir mit wenigen Schritten den *Marktplatz (Maximilianstraße)* ⑥. Der breite

Marktplatz
Maximilianstraße

15

Neptunbrunnen am Markt.

Mohren-Apotheke mit Spitalkirche.

bayerische Straßenmarkt hat über siebenhundert Jahre seine historischen Dimensionen bewahrt. Als erstes Baudenkmal fällt uns am Unteren Markt die 1750 vollendete *Spitalkirche* auf, die vom markgräflichen Architekten Saint Pierre erbaut wurde. Der sehenswerte *Kanzelaltar* mit den Figuren von Petrus und Paulus ist ein Werk des Hofbildhauers Gabriel Räntz. Wer der Hektik des Alltags für einige Minuten entfliehen will, kann hier die tägliche Kurzandacht „5 nach 5" besuchen. Gleich gegenüber der Spitalkirche blickt eine weltliche Plastik vom Giebel des Hauses Maxstraße 69 auf uns herab: Die *Bierliesl*, seit weit über hundert Jahren im Maßhalten geübt als Schutzpatronin der Bierstadt Bayreuth.

Vom Unteren Markt schweift der Blick über die *Dachlandschaft* der Markt-Südseite bis zum Schlossturm. Links der erste der drei historischen *Marktbrunnen*, der den Meeresgott Neptun mit Delphin und Dreizack zeigt (1755). Das schönste Bürgerhaus am Markt ist auf der rechten Seite das vierhundertjährige Sandsteingebäude der *Mohren-Apotheke* ⑦ mit seinem mächtigen Giebel. Schon bei seiner Entstehung müssen sich die Bayreuther die Mäuler zerrissen haben, wie die zeitlos gültige Psalm-Weisheit an der Fassade vermuten lässt: „Wer will bauen an den Straßen, muss die Leute reden lassen." Über dem rundbogigen Portal ein geflügelter *goldener Greif* mit Mörser.

Wir biegen nach rechts in die Sophienstraße ein, von der einige malerische Gässchen abzweigen, wie die Spitalgasse, die von-Römer-Straße (ehemals Judengasse) und die Kämmereigasse. Hier lohnt sich jeder touristische Seitensprung. Unter den vielen anheimelnden Kneipen mit Lokalkolorit nimmt die berühmte *Künstlerkneipe Eule* Ecke Kämmereigasse/ Kirchgasse eine Sonderstellung ein. Walhalls Götter machten hier einst Brotzeit, wie unzählige signierte Künstlerfotos an den Wänden zeigen. Nach

Künstlerkneipe „Eule"

schweißtreibenden Auftritten auf der Wagner-Bühne brachte so mancher Bühnenrecke mit mächtigen Humpen Bier seinen Flüssigkeitshaushalt wieder in Ordnung.

Von der Eule ist es nur ein Katzensprung zur Brautgasse und dem *Alten Rathaus* ⑧, in dem im Dezember 1999 das städtische *Kunstmuseum* und die tabakhistorische Sammlung der Britisch American Tobacco (BAT) eröffnet wurden. Gleich vor der Museumstüre (Eingang Brautgasse) beginnt die von einem Förderkreis projektierte Bayreuther

Wallhalls Götter machten hier Brotzeit: die „Eule" (bis zur Sanierung des Gebäudes geschlossen).

Auftakt zur Bayreuther Skulpturenmeile: Bronzeplastik „Marsyas I" von Alfred Hrdlicka in der Brautgasse.

Skulpturenmeile mit der Bronzeplastik Marsyas I von Alfred Hrdlicka.

Das Herzstück des Kunstmuseums ist die Dr. Helmut- und Constanze-Meyer-Stiftung mit mehreren tausend Werken der Grafik, darunter Arbeiten von Max Beckmann, Otto Dix, Max Ernst und Lyonel Feininger. Wechselnde Sonderausstellungen sind der Kunst des zwanzigsten Jahrhunderts gewidmet.

Kunst und Esskultur sind im Alten Rathaus unter einem Dach vereint. In friedlicher Koexistenz mit dem Kunstmuseum steht der *Oskar*, eine architektonisch bemerkenswerte Gaststätte mit fränkischem Ambiente und bodenständiger Speisekarte.

Von der Brautgasse aus haben wir bereits unser nächstes Ziel besonders malerisch vor Augen: die evangelische *Stadtkirche* ⑨ zur Heiligen Dreifaltigkeit mit ihren beiden stadtbildprägenden Türmen, deren Entstehungsgeschichte bis ins 12. Jahrhundert zurückreicht. Nach akuter Einsturzgefahr wird sie gegenwärtig aufwändig stabilisiert. Die Fundamente stammen aus dem 13. Jahrhundert. Seit der letzten Generalsanierung Ende der 70er Jahre, bei der die stilwidrigen Emporen entfernt wurden, erscheint der Sakralbau wieder als dreischiffige gotische *Basilika*. Blickfang ist der mächtigen *Hochaltar* aus dem Jahr 1615.

Im Gotteshaus stoßen wir zunächst unter dem Chor auf den Eingang zur *Fürstengruft*, in der 26 fränkische *Hohenzollern* in zum Teil reich verzierten Särgen ihre letzte Ruhe ge-

Bayreuths ältestes Bauwerk:
Evangelische Stadtkirche zur Heiligen Dreifaltigkeit.

Blick vom Schloss-turm auf die Stadt-kirche.

Gotische Basilika: Innenansicht der Stadtkirche.

funden haben. An die Zeit des Dreißigjährigen Krieges erinnert ein künstlerisch gestaltetes Kirchenfenster mit der Jahreszahl 1634. In diesem schlimmsten Leidensjahr der Stadt schlug eine Kugel der kaiserlichen Belagerer im Gotteshaus ein. Auf der gegenüber liegenden Seite das *„Küffnersche Epitaph"*, ein Weihnachtsaltar, der von Bürgermeister Conrad Küffner und seiner Frau Barbara 1615 gestiftet wurde. Stadthistorisch besonders reizvoll ist die Predella mit der ältesten gemalten Stadtansicht von Bayreuth, Sie zeigt die beiden Kirchtürme als Brandruinen nach dem Stadtbrand von 1605.

Auch die Außenfassade bietet manches sehenswerte Detail, dessen Bedeutung sich mitunter erst auf den zweiten Blick erschließt. So ist unweit des Südportals die steinerne

Altlast aus dem Mittelalter: Antijüdische Spottskulptur – vom Zahn der Zeit fast zerstört.

Spottskulptur

„Schwindsuchtshäuschen" am Kirchplatz.

Spätfolge einer verhängnisvollen Ohrfeige zu sehen. Ein bärtiger Steinmetzmeister soll der Legende nach 1457 beim Turmbau einen Lehrling geohrfeigt haben. Beim Sturz vom Gerüst kam der Bub zu Tode. Als sogenannte Sühnefiguren sind Täter und Opfer seit einem halben Jahrtausend an der Fassade verewigt: Der sitzende Knabe hält sich die schmerzende Backe und deutet mit dem Finger hinüber zum schlagfertigen Meister.

Eine peinliche Altlast ist die so genannte „Judensau" an einem Pfeiler des Chores – Symbol des mittelalterlichen Judenhasses. Der Zahn der Zeit hat die antisemitische *Spottskulptur* in einen verwitterten Sandsteinklumpen verwandelt. Ein mysteriöser Anschlag auf sie führte zu weiteren Veränderungen. Die Stadtkirchengemeinde hat im März 2005 eine Tafel unterhalb des anstößigen Reliefs anbringen lassen, auf der sie sich zur Freundschaft zwischen Juden und Christen bekennt.

Der Kontrast könnte nicht größer sein: Genau gegenüber der mächtigen Stadtkirche fällt der Blick auf das schmalste Giebelhaus der Stadt, das so genannte *Schwindsuchtshäuschen*. Auf anrührende Weise hängt sich der steinerne Winzling bei den benachbarten „ausgewachsenen" Häusern ein, nicht viel breiter als ein Auto. Ebenfalls am Kirchplatz hat das *Historische Museum* der Stadt Bayreuth ein würdiges Domizil gefunden. Nach mancherlei Provisorien wurde in den 90er Jahren das Museumskonzept von Dr. Sylvia Habermann umgesetzt. In den 34 Ausstellungsräumen der *alten Lateinschule* wird auf drei Ebenen die Stadthistorie dokumentiert. Sehenswert ein *Stadtmodell* aus dem Jahr 1769. Aber nicht nur die markgräfliche Residenzstadt wird hier dem Besucher plastisch vor Augen

Seit 1996 Sitz des Historischen Museums der Stadt Bayreuth: Alte Lateinschule am Kirchplatz.

geführt – auch Bayreuths exponierte Stellung im Dritten Reich ist anschaulich dargestellt. So geben aufwändig gestaltete Originalmodelle Aufschluss über die bizarren Ausbaupläne, die Hitler für seine privilegierte Festspielstadt und „Gauhauptstadt" hegte. In der Eingangshalle des Museums sind außerdem mehrere Säulen aus der im November 1938 verwüsteten Synagoge zu sehen. Sie wurden 1939 in das damalige städtische Feuerhaus eingebaut.

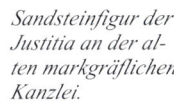

NS-Baumodelle

Vom Kirchplatz gelangen wir in die *Kanzleistraße* – benannt nach der *ehemaligen markgräflichen Kanzlei*. Über dem Portal als ältestem Bauteil die Figuren *Temperantia* und *Justitia*. Es folgt eine Reihe historischer

Kanzleistraße

Sandsteinfigur der Justitia an der alten markgräflichen Kanzlei.

21

Steingraeber-Haus
in der Friedrich-
straße, ein ehema-
liges Stadtpalais.

Friedrichstraße

Steingraeber-Haus

Häuser, zu der auch zwei spitzgiebelige frühere *Burggüter* gehören. Dann sind wir bereits in der *Friedrichstraße* ⑩, der Altbayreuther Prachtstraße, angekom-
men. Ihr Namensgeber Markgraf Friedrich „der Viel-
geliebte" überließ den Bauherrn die wichtigsten Mate-
rialien zum Nulltarif und gewährte ihnen über 15 Jahre
Steuerfreiheit. Überdies führte das fürstliche Bauamt
unter den kritischen Augen des „Bayreuther Augustus"
kostenlos die Baupläne aus. Entsprechend großzügig
und einheitlich wirkt diese Straße – mit dem Haus
Nummer 2, einem ehemaligen Stadtpalais, als Glanz-
punkt. Heute hat hier die Firma *Steingraeber*, eine Pi-
anoforte-Fabrik von Welt-
ruf, ihren Sitz. Mit ihrem
Veranstaltungsprogramm
ist sie aus dem Kulturle-
ben nicht wegzudenken.
Schräg gegenüber (Fried-
richstraße 5) befindet
sich das *Wohn- und Ster-
behaus* des fränkischen
Dichter-Klassikers Jean
Paul. „Hier wollen wir
bleiben, bis uns der Him-
mel einen Wohnort zwi-
schen Sonne und Milch-
straße einräumt", sagte

*Jean Pauls Wohn- und Sterbehaus blieb weitgehend
unverändert.*

*Jean Pauls Sterbe-
haus in der Fried-
richstraße (histori-
sche Lithografie).*

der kauzige Poet 1813, nachdem er zuvor sechs Mal in Bayreuth sein Quartier gewechselt hatte. Und hier blieb er auch bis zu seinem Tod im November 1825 und ärgerte sich über das „enge Volk" der Bayreuther. Im Garten an der alten Stadtmauer steht noch das Brünnlein, an dem der hundenärrische Dichter seinen Pudel Ponto und seinen Spitz Alert gewaschen hat. *Jean Pauls Denkmal*, ein Werk des Münchner Bildhauers Ludwig Schwanthaler, finden wir einige hundert Meter weiter am Jean-Paul-Platz.

Jean-Paul-Denkmal

23

Mozarts liebstes Bäsle-Häsle

Die bürgerliche Existenz der Marianne Thekla Mozart in Bayreuth

Die Wagnerstadt Bayreuth hat auch eine amüsante Beziehung zu Mozart. Auf dem Bayreuther Stadtfriedhof liegt Marianne Thekla Mozart begraben, das Bäsle des großen Wolfgang Amadeus. Ihr verdanken wir die Erkenntnis, dass der göttliche Vetter auch einige weniger göttliche Eigenschaften besaß, die ihn ungemein menschlich erscheinen lassen. In jungen Jahren hatte Marianne Thekla – damals noch das „Augsburger Bäsle" – acht Briefe von ihm erhalten. Sieben von ihnen sind an Deftigkeit kaum zu überbieten. Für zartbesaitete Mozartianer stellen sie jedenfalls eine Anfechtung dar. So schrieb der „alte junge Sauschwanz Mozart Amadé", wie er sich übermütig nannte, seinem allerliebsten „Bäsle-Häsle" Briefe, die von Unsinn, Frivolität und Fäkalien nur so strotzen. Immerhin machte er auf diese Weise auch das Bäsle unsterblich.

„Jetzt wünsch ich Ihnen eine gut Nacht, scheißen Sie ins Bett, dass es kracht, schlafens gesund, reckens den Arsch in den Mund." Ach, erhabener Wolfgang Amadeus, das klingt wahrlich nicht nach „Kleiner Nachtmusik". Mit dieser Kostprobe wollen wir es bewenden lassen. Nur der achte und letzt Bäsle-Brief ist salonfähig und kann auch in jedem Mozartverein verlesen werden, was indes von seinem Besitzer Richard Strauß lebhaft bedauert wurde. Denn es sind gerade die unanständigen Briefe, die für die Mozart-Forschung so ungemein reizvoll sind.

Marianne Thekla kam 23 Jahre nach dem Tod des Komponisten mit ihrer unehelichen Tochter und Schwiegersohn Franz Josef Streitel in das vorbiedermeierliche Bayreuth und bezog hier unweit vom Dichter Jean Paul in der Friedrichstraße Quartier. Die letzten Lebensjahrzehnte liegen weitgehend im Dunkeln einer unauffälligen bürgerlichen Existenz. Sie starb am 25. Januar 1841.

Hier hält eine *Gedenktafel* auch die Erinnerung an eine Nachbarin Jean Pauls wach, deren Name mit einem Genie der Musik verknüpft ist. In der ehemaligen *Postei* (im 18. Jahrhundert für 471 Tage auch Sitz der ersten Bayreuther Universität) lebte von 1814 bis zu ihrem Tod 1841 *Marianne Thekla Mozart*, das „Augsburger Bäsle" des göttlichen Wolfgang Amadeus. Das „liebe Violincellchen", wie er es zärtlich nannte, empfing in ihren jungen Jahren vom berühmten Vetter acht Briefe, von denen sieben an frivoler Deftigkeit kaum zu überbieten sind. Das Bäsle überlebte den Komponisten um fünfzig Jahre.

Die ehemalige *Markgräfliche Reithalle* am Jean-Paul-Platz ist heute als *Stadthalle* ⑪ ein gesellschaftlicher Kristallisationspunkt. An ihrer Fassade offenbart sich die Kunst des Architekten Joseph Saint Pierre im Verzicht auf jede Effekthascherei. Im Dritten Reich wurde der einfache, schnörkellose Bau zur braunen Festhalle herausgeputzt. Die Hochreliefs über den drei Hauptportalen sind Relikte aus dieser Zeit. Nach der Zerstörung und dem Wiederaufbau wird das Gebäude seit 1965 multifunktional als Kongresszentrum, Konzertsaal, Theater und Ballsaal genutzt.

Aus der ehemaligen Markgräflichen Reithalle wurde 1965 Bayreuths Stadthalle.

25

In der Ludwigstraße, die vom Jean-Paul-Platz abbiegt, ist der erste Blickfang nach der Stadthalle das malerische *Hofgarten-Portal* mit dem *Trophäenbrunnen*. Im Hintergrund der subtil renovierte *Italienische Bau*, der im Erdgeschoss einen kleinen *Festsaal* mit reicher Stuckierung besitzt. Das Bauwerk entstand kurz nach dem benachbarten Neuen Schloss. Am Hofgarten-Eingang ein eigenartig zugeschnittenes Gebäude, das *Storchenhaus* nach den Plänen Carl Gontards. Das bedeutendste Bauwerk in der Ludwigstraße ist das *Neue Schloss* ⑫, eine typische Schöpfung des Bayreuther Spätrokoko. Nach dem Brand des Alten Schlosses am Markt (1753) wurden vier Gebäude von Hofbaumeister Saint Pierre zu dieser Residenz verschmolzen. Der edle Geschmack der Markgräfin Wilhelmine bestimmte die Ausgestaltung der Räume mit dem „*Palmensaal*" als Prunkstück. Als ehemaliger Versammlungsraum der freimaurischen Großloge ist er einer der ältesten erhaltenen Freimaurertempel Europas. Das Neue Schloss ist Sitz einer Zweiggalerie der Bayerischen Staatsgemäldesammlungen.

Auf dem Schlossplatz das *Reiterstandbild* des Markgrafen Christian Ernst (1655–1712). Der wuchtige Barockbrunnen aus dem Jahr 1700 zeigt den Bayreuther Fürsten als Türkenbezwinger. Die vier lebensgroßen Figuren zu Füßen des Fürsten spiegeln als Allegorien das damals bekannte Weltbild mit nur vier Erdteilen wider: Europa auf dem Stier, ein Asiate auf stürzendem Pferd, ein Afrikaner beim Löwenritt und ein Indianer auf einem Fabeltier. Der Sockel des Brunnens symbolisiert die vier Fichtelgebirgs-

Fränkischer Duodezfürst als Weltbeherrscher: Reiterstandbild des Markgrafen Christian Ernst. Am Huf des Pferdes sein Lieblingszwerg Johann Tramm.

Europa auf dem Stier.

flüsse Eger, Naab, Main und Saale und weckt Assoziationen zum biblischen Schöpfungsbericht: Vier Ströme fließen dort aus dem Garten Eden. Zwei *Zwergendenkmäler*, nur wenige Meter voneinander entfernt, erzählen uns von zwei bewegenden Ereignissen im barocken Bayreuth. Am Markgrafenbrunnen entdecken wir am linken Huf des fürstlichen Rosses Christian Ernsts Lieblingszwerg Johann Tramm. Das zartgliedrige Kerl-

Das erste Unfallbild der Stadthistorie: Hofzwerg Laubenberg stürzt vom Pferd (1714).

chen, auch *„Marquis Sanspareil"* (Ohnegleichen) genannt, war im ausgehenden 17. Jahrhundert der Clou bei der Hochzeit der Bayreuther Markgrafentochter Christiane Eberhardine mit dem Sachsen-Kurfürst August dem Starken. Als lebendes Hochzeitsgeschenk trat es mit einer galanten Verbeugung aus einer Riesenpastete hervor.

In der Eingangshalle des Neuen Schlosses stoßen wir auf das zweite Zwergendenkmal. Am 30. Januar 1714 erlitt der markgräfliche Hofzwerg Georg Wilhelm Laubenberg beim abendlichen Ritt einen tödlichen Sturz vom Pferd. Das dramatische Geschehen ist auf

Zwergendenkmal

Das Neue Schloss – erbaut in den Jahren 1753 bis 1757.

27

Prunkstück des Jugendstils: ehemaliger Landrätesaal im Regierungsgebäude.

Regierung von Oberfranken

dem Stein heute nur noch schwer zu erkennen – der Zahn der Zeit hat das Kunstwerk des Hofbildhauers Elias Räntz fast bis zur Unkenntlichkeit entstellt.

Wir werfen noch einen Blick auf das gegenüber liegende Dienstgebäude der *Regierung von Oberfranken* ⑬, das 1904 vollendet wurde. Es wurde schon wiederholt mit dem Schloss verwechselt. In seinem Innern finden sich zwei prachtvolle *Zeugnisse des*

Seit den 70er Jahren wieder in den historischen Farben: Altes Schloss am Markt.

Jugendstils, die bei der Weltausstellung 1904 in St. Louis preisgekrönt wurden: das Präsidentenzimmer im ersten Stock und der darüber liegende Landrätesaal. Die Ludwigstraße endet mit der von Gontard erbauten *Hof-Apotheke* (1756), die mit ihrer klassizistisch anmutenden Form viel über die Baukunst ihres Schöpfers verrät.

Über den *Sternplatz* ⑭ kommen wir zurück auf den Marktplatz. Hier befand sich vermutlich schon im zwölften Jahr-

Blick vom Harmoniehof in den Ehrenhof des Alten Schlosses.

Altes Schloss

hundert das Schloss der Stadtgründer, der Andechs-Meranier. Mit dem *Alten Schloss* ⑮ verbindet sich so manche Spukgeschichte. Das bekannteste Hausgespenst war die „weiße Frau". Nach dem Schlossbrand von 1753, an dem Markgraf Friedrich nicht unbeteiligt gewesen sein soll, wurde das Gebäude im April 1945 zum zweiten Mal ein Raub der Flammen. Der bayerische Staat sorgte in den frühen fünfziger Jahren dafür, dass die monumentale Ruine – gegen den Willen vieler Bayreuther – wieder aufgebaut wurde. Der heutige Schlossherr ist das Finanzamt.

Der erlesene Schmuck des Bauwerks sind die 65 *Medaillons* oberhalb der Erdgeschossfenster. Der knapp 44 Meter hohe *Schlossturm*, seit 1965 mit einem Kreuz auf der Spitze, hatte in alter Zeit ein erstaunliches Innenleben. Auf einer schiefen Wendelbahn („Reutschnecke" genannt), die sich um den Kern bis hinauf zur luftigen Balustrade windet, konnten einst die Markgrafen hoch zu Ross nach oben traben. Die Konstruktion, die auch Leonardo da Vinci einst skizziert hatte, ist weltweit nahe-

Erlesener Schmuck am Alten Schloss: Eines der 65 meisterlichen Medaillons.

Schlosskirche zu einzigartig. Seit den 60er Jahren hat der Schlossturm eine neue Funktion als Kirchturm der katholischen *Schlosskirche*. Unter der Fürstenloge ruht die Markgräfin Wilhelmine in einer Gruft.

Nur wenige Schritte vom Ehrenhof des Alten Schlosses entfernt begegnen wir auf der rechten Marktseite einem barocken Ruhmesengel mit Stadtwappen, der den Ruhm der Stadt verkündet: die fast dreihundert Jahre alte Figur des *„Fama-Brunnens"*, die den Kunsthistorikern Rätsel aufgibt. Der Engel hat weder Brüste noch Taille und auch keine runden Formen, wie im Barock bei weiblichen Statuen üblich. Was mag wohl Fama unter ihrem flatternden Tuch verbergen? Keine Probleme haben wir mit der Deutung des dritten Marktbrunnens in der Mitte des Platzes, über dem Herkules thront (Entwurf 1676).

Wir kehren zurück zum Alten Schloss. Durch den Ehrenhof gelangen wir über die Schlosstreppe wieder zum Ausgangspunkt unseres Rundwegs zurück.

Die Brunnenfigur Fama gibt bei genauerem Hinsehen Rätsel auf.

Innenansicht der Schlosskirche mit Blick zum Hochaltar. Stuckdecke von Johann Baptist Pedrozzi (um 1750). Seit 1812 katholische Pfarrkirche.

30

Rundweg 2 –
Auf Richard Wagners Spuren

Auf diesem Rundweg lernen wir nicht nur „klassische" Sehenswürdigkeiten kennen, wie das Markgräfliche Opernhaus und die Villa Wahnfried. Im „Bayreuther Museums-Dreieck" am Hofgarten werden wir dem Leben und Wirken von Richard Wagner, Franz Liszt und Jean Paul nachspüren.

Ausgangspunkt ist der *Sternplatz* ⑭, von dem fünf Straßen und Gassen abzweigen. Einst war er der belebteste Platz Bayreuths, der seinem Spitznamen Maulaffenplatz alle Ehre machte.

Sternplatz

Der 1922 eingeweihte *Reiterbrunnen* erinnert an das königlich-bayerische 6. Chevauleger-Regiment, dessen schneidige Reiter bei der Bayreuther Bevölkerung, vor allem bei der weiblichen, sehr beliebt waren. Etwas zurückgesetzt, benannt nach einem früheren Gast-

Reiterbrunnen

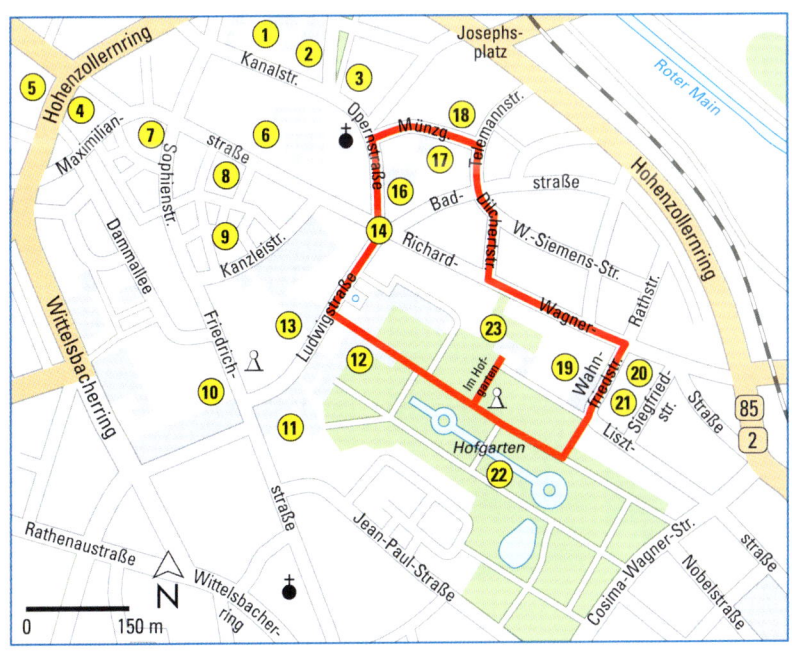

Reiterbrunnen am Sternplatz. Im Hintergrund der Schlossturm, der seit 1964 auch Kirchturm ist.

wirt Zacharias Wolf, liegt die *Gaststätte Wolffenzacher*. An ihrer Fassade erinnert uns ein *Bäckerhauszeichen* (verschiedene Brotsorten) an ein besonders würziges Kapitel der Stadthistorie, als die Bäcker noch das Bier brauten. Es war das Beckenbier, das 1804 den Dichter Jean Paul nach Bayreuth zog.

Vom Sternplatz aus können wir das Haus *Maximilianstraße 9* sehen, in dem *Jean Paul* am 12. August 1804 seine erste Stadtwohnung bezog.

Am Beginn der Richard-Wagner-Straße, gleich neben der Hofapotheke, befand sich früher der Gasthof Zur Goldenen Sonne (Richard-Wagner-Straße 6), in dem Johann Wolfgang von Goethe vom 15. auf den 16. Juni 1790 übernachtete. Wenn wir nun die Opernstraße hinuntergehen, liegt gleich rechts das Hotel *Goldener Anker*. Die Nobelherberge mit ungebrochener Familientradition ist seit den ersten Festspielen 1876 „Ankerplatz" für Prominente. Im Gästebuch finden sich Namen wie Richard Strauß, Thomas Mann, Agatha Christie und Arturo Toscanini. Natürlich war auch Richard Wagner hier immer wieder zu Gast. Sehenswert ist das Restaurant im Stil des Art déco.

Nur ein paar Schritte weiter stehen wir vor dem *Markgräflichen Opernhaus* ⑯. Äußerlich erscheint das Theater eher unscheinbar. Geradezu überwältigend ist jedoch sein Innenleben.

Hotel „Goldener Anker", Nobelherberge mit Familientradition.

Für das Weltkulturerbe der Unesco vorgeschlagen: Markgräfliches Opernhaus.

Markgräfliches Opernhaus

Einzigartig: das Innere des Markgräflichen Opernhauses.

Dieses Bauwerk zählt zu den schönsten Opernhäusern im Stil des italienischen Spätbarock – ein Kunstdenkmal von europäischem Rang. Es hat begründete Aussicht, in das Weltkulturerbe der Vereinten Nationen aufgenommen zu werden. Hier spürt der Besucher auf Schritt und Tritt den Geist der Markgräfin Wilhelmine, die mit „ihrem" Opernhaus in Konkurrenz zu den Höfen von Dresden, München und Berlin treten wollte. Die berühmtesten Theaterbauer ihrer Zeit, der Bologneser Guiseppe Galli Bibiena und sein Sohn Carlo, übernahmen die Innengestaltung. Sie haben hier im Stil italienischer Logentheater ein Meisterwerk geschaffen. Die in den Logen platzierte Hofgesellschaft blickte keineswegs zuerst auf die Bühne, sondern auf die mit einem Baldachin überwölbte Fürstenloge des Markgrafenpaares. Nach nur dreieinhalbjähriger Bauzeit wurde das Gebäude im September des Jahres 1748 vollendet. Mit 27 Metern Tiefe war die

Einen Tag vor dem Ersten Weltkrieg eingeweiht: Wittelsbacher Brunnen in der Opernstraße.

Bühne dieses Opernhauses noch 1871 die größte in Deutschland – ein Superlativ, der auch Richard Wagners Blick auf Bayreuth lenkte. Bei näherem Besehen erwies sich selbst diese gewaltige Bühne als viel zu klein für Wagners noch gewaltigere Pläne. Überdies wären Amoretten und Muscheln für Walhalls Götter kaum das richtige Ambiente gewesen. Immerhin dirigierte hier Wagner an seinem 59. Geburtstag, am 22. Mai 1872, Beethovens IX. Symphonie zur Grundsteinlegung des Festspielhauses.

In der Opernstraße werfen wir noch einen Blick auf den *Wittelsbacher Brunnen*. Als monumentaler Ausdruck Bayreuther Königstreue wurde er am letzten Juli-Tag des Jahres 1914 eingeweiht, unmittelbar vor dem Ausbruch des Ersten Weltkrieges.

Maskenbrunnen im Café an der Oper.

Nach dem *Redoutenhaus* (heute Café an der Oper), einstmals ebenfalls Theater und Opernhaus, biegen wir in die Münzgasse ein. Im Sommer lädt hier der offene Caféhof zum Verweilen ein, mit einem Barockbrunnen aus dem Garten von Schloss Fantaisie. In unmittelbarer Nachbarschaft Bayreuths *Synagoge* ⑰. Das um 1760 entstandene jüdische Gotteshaus blieb in der „Reichskristallnacht" vom 9. auf den 10. November 1938 zwar vom Feuer verschont – wegen der „brandgefährlichen" Nachbarschaft zum Markgräflichen Opernhaus wurden die braunen Sturmmänner zurückgepfiffen. Dafür entlud sich der Vandalismus im Gebäudeinneren. Erst in den sechziger Jahren des vorigen Jahrhunderts waren die Spuren faschistischer Barbarei beseitigt. Seit 1967 ist die Synagoge wieder der Mittelpunkt der Israelitischen Kultusgemeinde.

Links: Das Afrika-Zentrum der Universität Bayreuth hat seinen Sitz im Iwalewa-Haus in der Münzgasse. Oben: Kunstsäule vor dem Gebäude.

Im historischen markgräflichen *Münzgebäude* ⑱ in der Münzgasse wohnte der große Pädagoge und Schulreformer des frühen 19. Jahrhunderts, *Johann Baptist Graser*. Seit 1981 hat hier das bundesweit einzigartige Afrika-Zentrum der Universität Bayreuth seinen Sitz. Sein Name *Iwalewa-Haus* ist von einem Sprichwort des nigerianischen Yoruba-Volkes abgeleitet. Er bedeutet „Charakter ist Schönheit". Wissenschaftler widmen sich hier der Gegenwartsliteratur, der bildenden Kunst und der Musik Afrikas, aber auch Asiens und des pazifischen Raums. Das Haus ist Museum, Galerie, Forschungsstätte und Archiv unter einem Dach.

In absehbarer Zeit soll das Afrika-Zenrum im benachbarten ehemaligen Staatsbankgebäude (Ecke Münzgasse/Wölfelstraße) ein neues Domizil erhalten. Das historische Münzgebäude wird dann das geplante jüdische Zentrum mit Museum aufnehmen.

Münzgebäude

Iwalewa-Haus

Jüdisches Zentrum

35

Durch die Dilchertstraße hinauf geht es zum „kulturhistorischen" Teil der Richard-Wagner-Straße. Das *Haus Wahnfried* ⑲ („Hier wo mein Wähnen Frieden fand") war Richard Wagners neu erbautes Wohnhaus in Bayreuth. Im ersten Zorn wollte es der Bauherr wegen vieler Scherereien „Ärgersheim" nennen. Auch der etwas kitschige Name „Zum letzten Glück" war zeitweise im Gespräch. Wenige Tage nach der Einweihung im Frühjahr 1874 war der endgültige Name gefunden: ein gleichnamiger hessischer Ort hatte Wagner geradezu mystisch berührt. Die erste Künstlervilla wurde nicht nur zu einem Kunstbegriff. Im 20. Jahrhundert verband sich damit auch völkischer Dunst – der Hausfreund hieß Adolf Hitler. Im Krieg schwer zerstört, diente die notdürftig geflickte Villa zunächst dem Wagnerenkel Wieland als Wohnhaus. Zum hundertjährigen Festspieljubiläum 1976 wurde Wahnfried

Haus Wahnfried, Wagners Domizil. Über dem Portal die Inschrift: „Hier wo mein Wähnen Frieden fand Wahnfried sei dieses Haus von mir benannt." Das Sgrafittogemälde oben zeigt Wotan als Wanderer mit antiken Frauengestalten und Jung Siegfried.

dann sorgfältig restauriert und in ein Museum umgewandelt. Am Eingang erinnert die Büste *Ludwig II.* an die besondere Verbindung zweier höchst unterschiedlicher Naturen. Heute illustrieren im *Richard-Wagner-Museum* Tausende von Dokumenten, Bühnenmodellen und Wagner-Reliquien Leben und Werk des Tondichters, der dem stillen Provinznest Bayreuth nach seiner Übersiedlung 1872 eine neue Identität gab.

Hinter der Villa Wahnfried zum Hofgarten hin fand Richard Wagner 1883 seine letzte Ruhe in der *Gruft*, die er sich schon zu Lebzeiten erbauen ließ. Zu seinen Füßen sein Lieblingshund – „Hier ruht und wacht Wagners Russ", lautet die Inschrift auf dem

Die Büste Ludwig II. vor dem Haus Wahnfried.

Haus Wahnfried.

1805 zu Ehren der Preußen-Königin Luise errichtet: Sonnentempel im Hofgarten.

Cosima Wagner Stein. Die Urne von Gattin *Cosima* wurde erst ein halbes Jahrhundert später beigesetzt: Cosima überlebte Richard um 47 Jahre. Die „Herrin von Bayreuth" figuriert übrigens auf dem Sgrafitto-Gemälde an der Fassade der Villa mit Leier als Sinnbild der Musik. Auch Wagners Sohn *Siegfried* bekam

Die Villa Wahnfried ist seit 1976 Richard-Wagner-Museum.

seinen Sgrafitto-Auftritt – gewappnet blickt er zur Musik empor.

Während das Richard-Wagner-Museum alljährlich eine Besucherinvasion erlebt, ist das nur wenige Meter entfernte *Jean-Paul-Museum* ⑳ im einstigen Wohnhaus des Rassentheoretikers und Wagner-Schwiegersohns *Houston Stewart Chamberlain* selbst den Bewohnern der

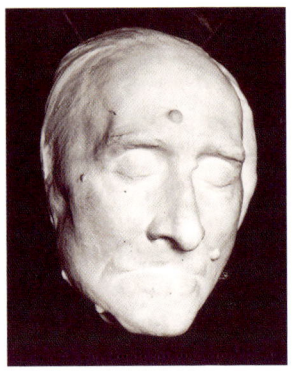

Büste von Franz Liszt vor dem Liszt-Museum im Sterbehaus des Komponisten. Rechts: Totenmaske.

Die Meeresgöttin Amphitrite, Gemahlin des Poseidon.

Stadt wenig bekannt. Dokumente und Erinnerungsstücke aus der Sammlung des Bayreuther Arztes *Dr. Philipp Hausser* illustrieren Leben und Wirken des kauzigen Schriftstellers. In einem Brief des Dichters vom 3. September 1793 ist die „Liebeserklärung" Jean Pauls an diese Stadt zu lesen: „Du liebes Bayreuth, auf einem so schön gearbeiteten grün angestrichenen Präsentierteller von Gegend einem dargeboten – man sollte sich einbohren in dich, um nimmer heraus zu können."

An der Wahnfriedstraße (Ecke Lisztstraße) gibt uns das *Franz-Liszt-Museum* ㉑ einen umfassenden Einblick in Leben und Werk des Klaviervirtuosen und Komponisten. Der Schwiegervater Wagners starb in diesem Haus am 31.

Auf einem großen Delfin liegend: Die Meernymphe Galathea im Hofgarten.

Juli 1886 – mitten im damaligen Festspielsommer. Vom „Bayreuther Museumsdreieck" gehen wir in den vierhundert Jahre alten *Hofgarten* ㉒, einen großen Stadtpark mit herrlichen alten Bäumen, historischen

39

Das Freimaurer-Museum im Hofgarten, das einzige seiner Art in Deutschland.

Sonderbriefmarke zum 100-jährigen Jubiläum im Jahr 2002.

100 Jahre Deutsches Freimaurermuseum

Deutschland 56
2002

Sandsteinfiguren (besonders lieb-reizend „die schöne Galathea") und einer Teich-Idylle. Wie kein anderer Ort ist der Hofgarten mit Wagners „Parsifal" verwoben. Von hier aus hat der Komponist nach eigener Aussage so manches Thema mit nach Hause gebracht. „Hier steckt viel von mir", sagte er zu seiner Frau Cosima.

In unmittelbarer Nachbarschaft zur Villa Wahnfried hat ein weiteres Museum seinen Sitz: Das *Deutsche Freimaurer-Museum* ㉓, zu dessen hundertjährigem Bestehen sogar eine Sonderbriefmarke erschienen ist. Die beachtliche Sammlung erzählt die Geschichte der Bayreuther Loge, die bis auf Markgraf Friedrich, den Schwager Friedrich des Großen, zurückgeht. Durch den Hofgarten erreichen wir über den Glasenappweg und die Ludwigstraße den Sternplatz als Ausgangspunkt unseres Rundwegs.

Rundweg 3 –
Auffahrt zum Festspielhaus

Dieser Weg führt uns zur bekanntesten Sehenswürdigkeit der Stadt, der Bayreuth seine Identität verdankt: zu Wagners *Festspielhaus* und seinem „Freistaat der Künstler". Für Wagnerianer ist er eine Art Wallfahrtsstraße, getreu des Meisters Regieanweisung: „Mit den Augen dem Haus zugewandt soll man zu meinem Heiligtum hinauffahren." Ausgangspunkt ist der Platz vor dem *Gründerzeit-Bahnhof* ㉔ (1879), an dem man das Ziel auf dem Grünen Hügel bereits deutlich vor Augen hat. Im Gegensatz zum Festspielhaus verkörpert der Bahnhof nicht den Glanz, sondern gleichsam das Elend der Stadt: Seit über 150 Jahren

Seit 1876 Auffahrt zum Festspielhaus.

Gründerzeit-Bahnhof

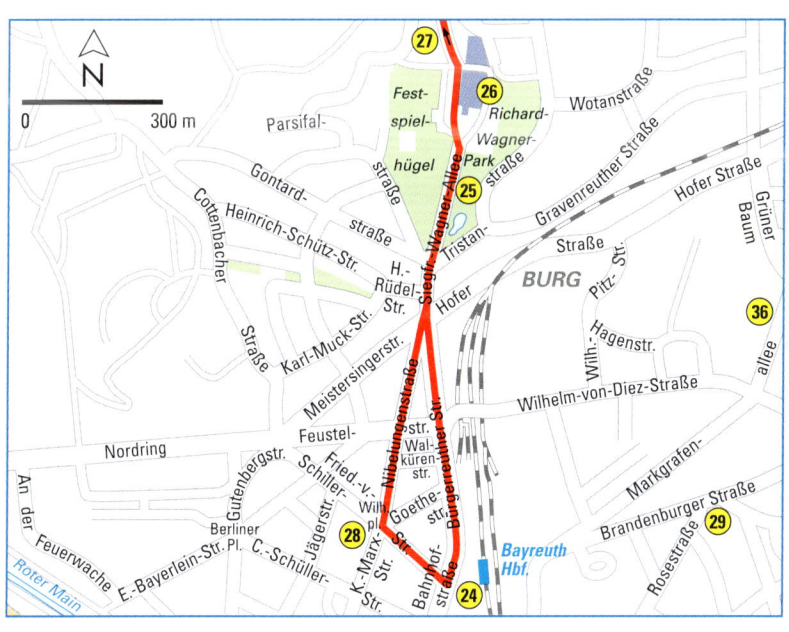

41

Der fackelschwingende Prometheus steht am Eingang des Festspielparks.

leidet Bayreuth unter seiner schlechten Anbindung an das Schienennetz. Einem früheren Stadthistoriker erschien die chronische Eisenbahnmisere sogar noch schlimmer als alle Stadtbrände und Pestilenzen.

Vom Bahnhofsgebäude fällt unser Blick auf die sieben farbenfrohen *„Flossies"* am Dienstgebäude der IHK Oberfranken. Schöpferin der „Sieben für den Regenbogen" (so der Name des Kunstwerks) war die Künstlerin *Rosalie*, die 1996 für den „Ring des Nibelungen" im Festspielhaus die Kostüme entwarf. Die *Bürgerreuther Straße*, die mit dem Postgebäude gleich nach dem Bahnhofsplatz ihren Anfang nimmt, führt uns zum Festspielhügel. Bevor sie zur Alleestraße wird, erhebt sich auf der rechten Seite ein Industriedenkmal. Der 1908 erbaute *Wasserturm* ist das letzte Überbleibsel der historischen Arbeitersiedlung „Burg", die in den 80er Jahren verschwand. Im Umfeld des Festspielhügels erinnern fast fünfzig Straßennamen an Richard Wagner und sein Werk.

Festspielhaus.

42

Die letzten dreihundert Meter der Festspielhaus-Auffahrt, die *Siegfried-Wagner-Allee*, sind von einem *Park* ㉕ eingerahmt, der Ende der 20er Jahre angelegt wurde. Gleichsam als Parkwächter ist am Eingang ein fackelschwingender nackter Mann postiert: die Bronzefigur des *Prometheus*. Sie wurde der Stadt Bayreuth 1963 – zum 150. Geburtstag Wagners – von zwei belgischen Wagnerianerinnen geschenkt.

Festspielhaus als Experimentierfeld (Stefan Herheims „Parsifal"-Interpretation).

Angela Merkel ist mit ihrem Ehemann Prof. Joachim Sauer seit vielen Jahren Stammgast bei den Bayreuther Festspielen.

Über die äußere Optik des *Fest-spielhauses* ㉖ kann man durchaus geteilter Meinung sein. Von Richard Wagner war es ohnehin nur als Provisorium gedacht. Ihm wäre es sogar recht gewesen, wenn es „ganz nur aus Holz wäre wie Turner- und Sängerfesthallen". In einem Brief an den Bankier Feustel forderte er sechs Wochen vor der Grundsteinlegung am 22. Mai 1872: „Deßhalb hier sparen – sparen, keine Verzierung." Der Bau sollte später „der Nation zur Ausführung als monumentales Gebäude" übergeben werden. Tatsächlich war es dann sein Enkel Wolfgang, der das riesige Gebäude in den 60er Jahren des 20. Jahrhunderts von Grund auf erneuern und mit einem Beton-Korsett stabilisieren ließ.

Die Fanfarenbläser treten vor jedem Opernakt mit einem ausgewählten Motiv in Aktion.

Es hätte nicht viel gefehlt, und das Festspielhaus wäre schon bald nach Baubeginn zur Bauruine verkommen. Beim Richtfest 1873 war der Bauherr fast

Festspiele 1876

pleite. Doch dann half der Bayern-König Ludwig II. dem einstmals angebeteten Freund („alles, ja alles bist du mir, Ach, für Dich zu sterben") ein letztes Mal aus der Klemme. So konnte der alte Kaiser Wilhelm bei den ersten Festspielen im August 1876 ausrufen. „Nie hätte ich gedacht, dass Sie es schaffen."

In seinem Buch *Bayreuth für Anfänger*, spottet der Schriftsteller Herbert Rosendorfer über das Theater: „Es vereinigt den Charme eines Oktoberfest-Zelts mit der Leichtigkeit eines Grün-

Die ersten Festspiele 1876: Kaiser Wilhelm I. beglückwünscht Richard Wagner.

derzeit-Bahnhofs." Unumstritten sind indes die Vorzüge im Innern. Das Theatergenie Wagner hat hier die vermutlich weltbeste Akustik geschaffen. Neben der Dachkonstruktion wirken auch die ansteigenden Sitzreihen mit ihren Holzböden wie ein riesiger Resonanz-

kasten. Der unter die Bühne versenkte Orchesterraum („mystischer Abgrund") dämpft und mischt den Klang des Orchesters. Die Bühne selbst hat mit einer Tiefe von 45 Metern gewaltige Ausmaße.

Bayreuth erschien ihnen „wie die Entdeckung Amerikas": Richard und Cosima Wagner. Ihre Büsten im Festspielpark schuf Arno Breker.

Bei der Grundsteinlegung 1872 hatte Wagner den Spruch geprägt: „Hier schließ' ich ein Geheimnis ein, da ruh' es viele hundert Jahr'. So lange es verwahrt der Stein, macht es der Welt sich offenbar." Über 130 Jahre später bewegt ungezählte Opernfreunde vor allem das Geheimnis, wie man in Bayreuth an Festspielkarten kommt, ohne viele Jahre darauf warten zu müssen. Die 1974 Plätze sind trotz ihrer Unbequemlichkeit in jeder Spielzeit an allen dreißig Aufführungen (jeweils vom 25. Juli bis 28. August) immer voll besetzt.

Der Grüne Hügel wurde von Wagner einst als *Freistaat der Künstler* proklamiert. Im idyllischen Festspielpark begegnet der Spaziergänger dem musik-

Wie ein Amphitheater angelegt: Zuschauerraum des Festspielhauses mit fast 2000 Plätzen.

geschichtlichen Dreigestirn Richard und Cosima Wagner sowie Franz Liszt in Gestalt von monumentalen

Bronzebüsten Bronzebüsten mit heroischer Attitüde. Geschaffen wurden sie vom Bildhauer Arno Breker (1900–1991), der wegen seiner Rolle im Dritten Reich ins Zwielicht geriet.

Auf dem Grünen Hügel geht es ansonsten längst nicht mehr heroisch zu, als Weihestätte und Gralstempel deutschen Ungeistes hat das Festspielhaus ausge-

Gedenktafel dient. An die Barbarei des Dritten Reiches erinnert eine *Gedenktafel* für die beiden im KZ umgekommenen Festspielsängerinnen Ottilie Metzger-Lattermann und Henriette Gottlieb. Sie wurde im Juli 1998 am Treppenaufgang zum Festspielrestaurant enthüllt.

Die Wagnerenkel Wieland und Wolfgang haben die ältesten Festspiele beim Neubeginn 1951 gründlich entrümpelt und von völkischen Schlacken befreit. Die Wagner Urenkelinnen Eva und Katharina leiten seit September 2008 das Weltkulturunternehmen. Auch

Westseite des Festspielhauses mit der „Traumskulptur" des japanischen Bildhauers Matsusaka.

Gastronomischer Anziehungspunkt seit über 150 Jahren: die Bürgerreuth oberhalb des Festspielhauses (Ansicht um 1900).

künftig sind künstlerische Provokation und geistige Zugluft angesagt statt kultischer Anbetung und ideologischer Ausbeutung des Wagnerschen Werkes. Von der weltweiten Ausstrahlung von „Neu-Bayreuth" zeugt eine tonnenschwere *„Traum-Skulptur"* des japanischen Bildhauers Setsuzo Matsusaka auf der Westseite des Festspielhauses unterhalb des früheren Forsthauses *Louisenburg*. Das Kunstwerk thematisiert ein Hans-Sachs-Zitat aus *Meistersinger*.

Oberhalb des Festspielhauses liegt – in Fortsetzung der Auffahrtstraße – die *Bürgerreuth* ㉗. Die Anfänge dieser historischen Gaststätte reichen bis ins frühe 19. Jahrhundert zurück, als den „Bürgern an der Reuth" (Rodung) Erfrischungen gereicht wurden. Im Oktober 1839 wurde dann die Bürgerreuth als Gesellschaftshaus im Schweizer Stil errichtet. An diesem städtischen Vergnügungsplatz feierten die Bayreuther im 19. Jahrhundert mit Strömen von Bier ihre vaterländischen Feste. Und hier blickten Richard Wagner und Frau Cosima beim Brotzeitmachen auf die Riesenbaustelle des Festspielhauses. Gleich daneben breitet sich die *Judenwiese* aus, deren rätselhaften Namen bis heute noch keiner erklären konnte. In der kalten Jahreszeit verwandelt sie sich in ein kleines Winterparadies für Rodler. Von hier oben bietet sich wohl der schönste Blick auf die *Hügellandschaft* im Westen der Stadt.

Louisenburg

Bürgerreuth

Hügellandschaft

47

Der Siegesturm von 1875 bietet einen prachtvollen Rundblick.

Von hier erreicht man in einer guten Viertelstunde den *Siegesturm*, der aus der dicht bewaldeten *Hohen Warte* hervorragt. Er wurde 1875 zur Erinnerung an den Sieg im Frankreich-Krieg von 1870/71 auf dem höchsten Punkt der Stadt – 463 Meter über dem Meeresspiegel – erbaut und bietet eine prachtvolle Aussicht auf den Bayreuther Talkessel.

Für den Rückweg wählen wir unterhalb des Festspielhügels die 1905 angelegte Nibelungenstraße aus. Sie führt uns zum *Wilhelmsplatz* ㉘, der im Zweiten Weltkrieg beim ersten Bombenangriff am 5. April 1945 schwer zerstört wurde. Im Blickpunkt des Platzes steht heute die 1956 vollendete dreitürmige *Christuskirche*, die zu den bemerkenswerten fränkischen Sakralbauten der fünfziger Jahre gehört. Der Platz – einstmals *Rondell* genannt – regte übrigens Richard Wagner zu einer scherzhaften Vision an, die uns Frau Cosima in ihrem Tagebuch überliefert hat. Hier am Rondell erwartete der Meister sein Bayreuther Denkmal – er wisse nur nicht genau die Blickrichtung, merkte er an. Damit genug der Wagnerei. Vom Wilhelmsplatz erreichen wir in wenigen Minuten über die Friedrich-von-Schiller-Straße wieder den Ausgangspunkt Bahnhof.

Sakrales Bauwerk der 50er Jahre: die evangelische Christuskirche am Wilhelmsplatz.

Rundweg 4 –
Barockstadt St. Georgen

Die meisten Stadtteile Bayreuths haben im Laufe der Jahrhunderte ihr Gesicht gründlich verändert – nicht so die einstige Vorstadt *St. Georgen*, auch „Brannaburcher" nach der markgräflichen Familie der Brandenburger genannt. Sie konnte ihren Charakter und unverwechselbaren Charme über drei Jahrhunderte bis heute bewahren. Ausgangspunkt dieser ganz markgräflich geprägten Route im nordöstlichen Teil der Stadt ist die Brandenburger Straße ㉙ (Einmündung Rosestraße). Wir erreichen sie mit

Blick vom Saumarktbrunnen auf St. Georgen. Links der Turm der Stiftskirche.

Blick vom Turm der Ordenskirche auf den Stadtteil St. Georgen.

dem Pkw oder mit dem Stadtbus (Linie 1, Laineck, Haltestelle Stuckberg).

Es hätte nicht viel gefehlt, und Richard Wagner hätte hier am Stuckberg sein Festspielhaus errichtet. Eine Platanenallee führt uns am Geburtshaus des Malers *Wilhelm von Diez* (Brandenburger Straße 32) vorbei zum *Saumarktbrunnen*, wo die Straße St. Georgen beginnt. Das erste Baudenkmal auf der linken Straßenseite ist das *Gravenreuther Stift* ③⓪. Der markgräfliche Hofkavalier Georg Friedrich von Gravenreuth ließ es 1741 als Spital für arme Männer errichten – zusammen mit der *Stiftskirche*, einem einfachen barocken Saalbau mit Kanzelaltar. Bei den damaligen Bauarbeiten stieß man auf das „alte Porcellain-Brennhaus", einen industriellen Vorläufer der 1724 gegründeten „*Porcellain-Fabrique*" hinter dem Zuchthaus.

Bayreuther Fayencen

Diese markgräfliche Manufaktur war die Keimzelle der berühmten *Bayreuther Fayencen*, die einst bis nach Schlesien, Sachsen und Böhmen exportiert wurden und heute heiß begehrte Antiquitäten darstellen. Im Neuen Schloss und im Historischen Museum der Stadt sind einige prachtvolle Exemplare ausgestellt.

Stiftskirche

Gegenüber der *Stiftskirche* ist noch eine alte Kaserne aus dem frühen 18. Jahrhundert zu sehen. St.-Georgen-Gründer Georg Wilhelm hielt es als Erbprinz wohl für nötig, seine neue kleine Stadt durch Musketiere und Grenadiere zu schützen.

Wir stehen nun auf dem *Markt von St. Georgen* ③①. Wie an einer Perlenschnur sind die 24 gleichartigen Häuser aneinander gereiht. Hier wird im zweijährigen

Brannaburcher Bürgerfest

Turnus mit viel Bier das *Brannaburcher Bürgerfest* gefeiert. Die Bäcker und Bierbrauer dieses Stadtteils schrieben ein besonders würziges Kapitel Bayreuther Biergeschichte. Der letzte von ihnen, Ewald Götschel, starb im Jahr 2000. Das ehemalige Kommunbrauhaus von 1706 (jetzt Feuerwehrgerätehaus) ist hinter der Ordenskirche noch zu sehen.

Das Straßenbild des St. Georgener Marktplatzes wird von der hochbarocken *Ordenskirche* ㉜ dominiert, einem der bedeutendsten evangelischen Sakralbauten des 18. Jahrhunderts. Das Gotteshaus hat einen kreuzförmigen Grundriss und einen barocken Kanzelaltar gegenüber der Fürstenloge. Mehr als 80 Ordensschilder schmücken die Kirche und weisen auf den Namen der Kirche hin. Es sind die Wappen des Ordens „de la Sincérité" (der Aufrichtigkeit), aus dem der preußische Rote-Adler-Orden hervorging.

Grabstein des letzten Bäcker und Bierbrauers.

Die hochbarocke Ordenskirche mit ihrem kreuzförmigen Grundriss ist einer der bedeutensten protestantischen Kirchenbauten des 18. Jahrhunderts. Bild oben zeigt die Deckengemälde.

51

Juwel des Hochbarock: die Ordenskirche mit den über 80 Wappen der Ordensritter an den Emporen.

Das fast 300 Jahre alte Grabdenkmal des Gärtners und Gastwirts Johann Söllner.

Hinter der Ordenskirche gelangen wir durch ein Barockportal zum historischen *St. Georgener Friedhof* ㉝ mit einigen sehenswerten Grabdenkmälern. Eine überlebensgroße Grabskulptur an der Aussegnungshalle ist dem Gärtner und Gastwirt Johann Söllner aus der Vorstadt *Neuer Weg* gewidmet. Schöpfer des Meisterwerks ist der Barockbildhauer Elias Räntz. Bemerkenswert auch das klassizistische Grabmal des Magistratsrats Christoph Friedrich Leers. Er war der Stifter des neben dem Ordensschloss gelegenen ehemaligen Waisenhauses (heute Schreibmaschinen-Museum). Auf diesem Friedhof finden wir auch die letzte Ruhestätte des „ersten Wagnerianers" Hans von Wolzogen († 1938), der als langjähriger Schriftleiter der Wagnerschen Hauszeitschrift „Bayreuther Blätter" zeitweise einen unheilvollen Einfluss ausübte.

Einst Ordensschloss, heute Gefängnis.

In der verkehrsreichen Bernecker Straße blicken wir auf das *Ordensschloss* ③④, das 1725 von Hofbaumeister Johann David Räntz als Nachfolgebau eines Fachwerk-Schlösschens errichtet wurde. Das Baudenkmal ist heute Teil der großen Justizvollzugsanstalt Bayreuth-St. Georgen. Nur der prachtvolle Kapitel- oder *Ordenssaal* ist gelegentlich bei Festveranstaltungen der Anstalt zugänglich. In diesem zentralen, von Stuckwerk und Deckenmalerei umrahmten Saal versammelten sich einst am Georgstag die Ordensritter. Eine St. Georgener Bürgerinitiative bemüht sich seit Jahren um eine angemessene Nutzung des Ordensschlosses.

Ordenssaal

Die Matrosengasse mit dem Kapitänshaus.

Gleich hinter dem Barockbau breitete sich einst der *„Brandenburger Weiher"* aus, auf dem Duodezfürst Georg Wilhelm regelrechte Seeschlachten veranstaltete. Heute dient das großflächige Areal des Sees als wichtigstes Industriegelände der Stadt. An das verrückte Kapitel der See-

53

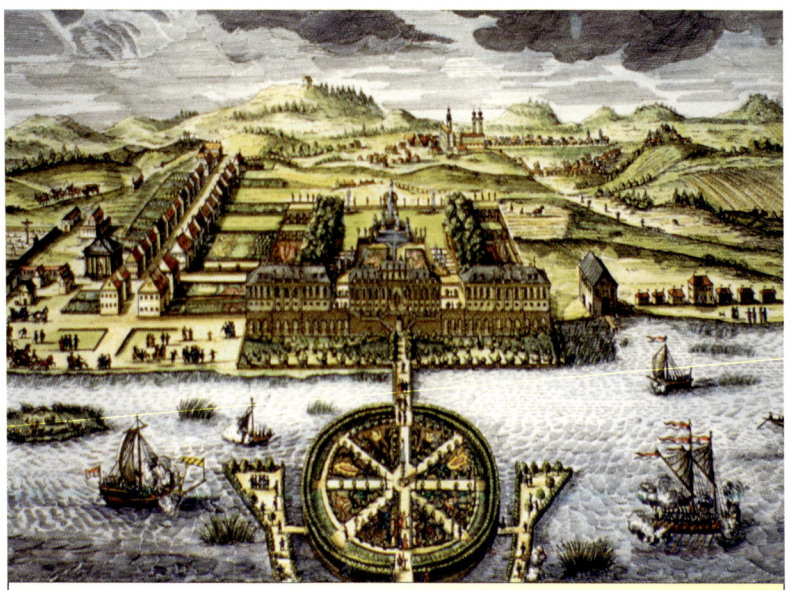

Ein pittoresker barocker Freizeitspaß

Für das vielleicht verrückteste Kapitel der Stadthistorie sorgte vor rund dreihundert Jahren Markgraf Georg Wilhelm, der Gründer von St. Georgen. Es mutet wie ein Stück aus dem Tollhaus an, dass der marinebegeisterte Duodezfürst regelrechte Seeschlachten inszenierte. Zu diesem Zweck ließ er vier prächtige Fregatten bauen, die mit dicken Kanonen bestückt wurden. Matrosen wurden angeheuert und die Insel im See als Schiffshafen befestigt. Eine Feldschanze mitten im Wasser wurde ebenfalls reichlich mit Geschützen versehen. Und damit war sozusagen alles klar zum Gefecht.

Seeschlachten in Bayreuth – auf diese Idee muss einer erst einmal kommen. Ihr Erfinder hat sich keineswegs mit der Rolle des passiven Zuschauers begnügt. Unter Kanonendonner zog er höchstderoselbst mit ungezügelter Lebenslust ins Kampfgetümmel. Dabei schlüpfte er zuweilen in die Maske eines Piraten, eines Admirals, eines venezianischen Dogen oder – eines Bindlacher Bauern. Ganz so harmlos kann die barocke Gaudi indes nicht gewesen sein, denn immerhin waren dabei einmal sogar drei tote Matrosen zu beklagen, die sich kaum totgelacht haben dürften.

Heute halten nur noch mehrere Straßennamen in St. Georgen wie die Matrosengase, die Inselstraße, die Weiherstraße und die Seestraße die Erinnerung an den hochfürstlichen Freizeitspaß wach. Und ein prächtiger Kupferstich erzählt uns von jenen Jahren Anfang des 18. Jahrhunderts, als Bayreuth noch eine Marine hatte.

Prinzessinnenhaus in St. Georgen. Hier entstand 1805 Deutschlands erste „psychische Heilanstalt".

schlachten erinnert die nahe gelegene Matrosengasse mit ihrem Kapitänshaus.

Auch das *Prinzessinnenhaus* ㉟ Ecke Bernecker Straße/Markgrafenallee entstand in der Zeit Georg Wilhelms. Ursprünglich war es als Eckpfeiler einer zweiten Häuserzeile entlang der heutigen Markgrafenallee gedacht, doch der plötzliche Tod von Georg Wilhelm im Jahr 1726 vereitelte diesen Plan. Nach der Markgrafenzeit diente das Gebäude als Irrenanstalt. Der bedeutende Psychiatriereformer Johann Gottfried Lattermann verwandelte Anfang des 19. Jahrhunderts Bayreuths „Tollhaus" in die erste *psychische Heilanstalt*. Im ausgehenden 19. Jahrhundert logierten hier illustre Festspielgäste wie der französische Maler und Bildhauer Auguste Rodin.

Heilanstalt

Gegenüber liegt der Verwaltungs- und Zellentrakt des *Gefängnisses St. Georgen* ㊱, das mit rund tausend Gefangenen zu den größten bayerischen Justizvollzugsanstalten gehört. Sein ältester Teil stammt aus dem Jahr 1724. In markgräflicher Zeit arbeiteten die Insassen des *Zucht- und Arbeitshauses* in der angeschlossenen Marmorfabrik oder in einer Kartenmanufaktur. Die Spielkarten sind heute wertvolle Antiquitäten.

Gefängnis

Zucht- und Arbeitshaus

Damit beschließen wir unseren Rundweg durch die „barocke Insel" St. Georgen, Bayreuths originellstem Stadtteil, und gehen durch die Kellerstraße und die Brandenburger Straße wieder zu unserem Ausgangspunkt hinunter.

Rundweg 5 –
Im Zaubergarten der Markgräfin

Rollwenzelei

Königsalle

Dorothea Rollwenzel

Ausgangspunkt unserer fünften Route ist die *Rollwenzelei* ㊲ an der alten Chaussee nach Weiden. Vor diesem Haus knickt die *Königsallee* – sie wurde 1743 zum Besuch von Friedrich dem Großen angelegt – nach links Richtung Eremitage ab. Die Rollwenzelei ist ein liebenswürdiges Überbleibsel aus dem biedermeierlichen Bayreuth des Dichters Jean Paul. Fast zwanzig Jahre lang zog der schrullige Dichter fast täglich bei Wind und Wetter in diese Idylle, begleitet von einem seiner Hunde. Hier wurde er liebevoll umsorgt von der Wirtin *Dorothea Rollwenzel*. Sie hat, so heißt es, ihn wohl am meisten verehrt und am wenigsten verstanden, obwohl Jean Paul sie einmal als „die gescheiteste Frau von Bayreuth" gepriesen hat. Fast zwei Jahr-

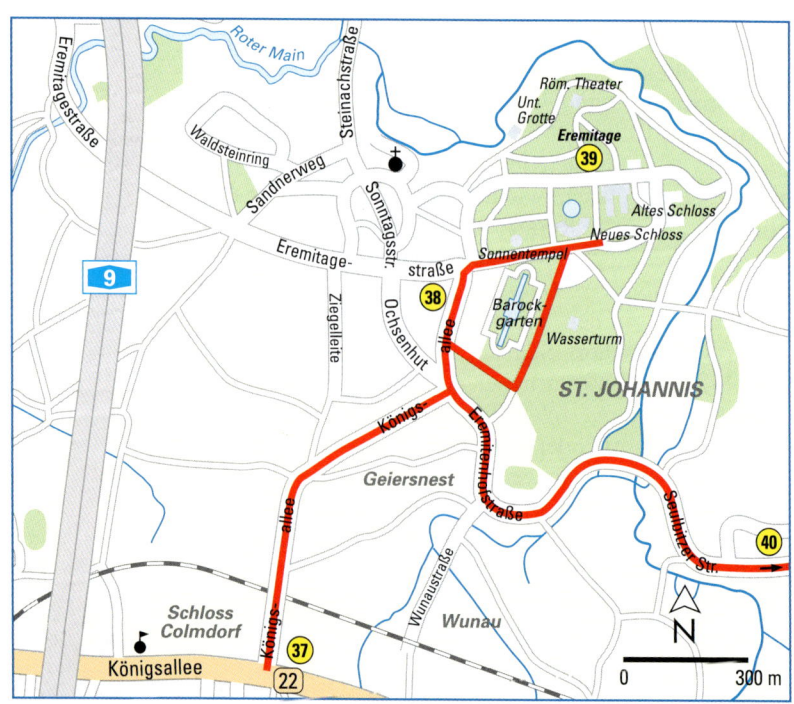

Die Rollwenzelei. Rechts: Das Dichterstübchen von Jean Paul im Gebäude.

hunderte später ist die Rollwenzelei – „Deutschlands kleinstes Literaturmuseum" (Frankfurter Allgemeine) – vom Verkehr umspült, doch das *Dichterstübchen* im Inneren ist noch so niedrig, eng und anheimelnd wie beim letzten Besuch Jean Pauls.

Von der Rollwenzelei führt uns die Königsallee am großen Parkplatz der Eremitage vorbei zum Stadtteil *St. Johannis* mit seiner prächtigen *Markgrafenkirche.* Am Eingang der Eremitage die *Philippsruh* ㊳. In diesem Landhaus im frühklassizistischen Stil (erbaut 1802) erlebte die berühmte amerikanische Tänzerin Isadora Duncan, die Erfinderin des freien Ausdruckstanzes, im Jahr 1904 einen orgiastischen Festspielsommer.

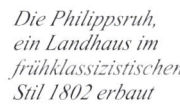

Die Philippsruh, ein Landhaus im frühklassizistischen Stil 1802 erbaut

Jean Paul und das Bier

Jean Paul auf dem Weg zur Rollwenzelei.

Der Dichter Jean Paul hat das Bier zeitlebens angehimmelt wie eine Geliebte: „Mein Seelenbier, meine Lethe, meine letzte Ölung, mein Weihwasser, mein Herbsttrost, mein Magenbalsam, mein Nil." Und so weiter.

Als Jean Paul noch in Meiningen und später in Coburg wohnte, ließ er sich von seinem jüdischen Freund Emanuel Osmund fässerweise Bayreuther Bier schicken. Leerten sich die Fässer, ohne dass der Nachschub unterwegs war, geriet der Dichter in helle Aufregung. Das Bier beflügelte bei ihm Gaumen und Hirn und er fand tausend geistvolle Erklärungen, warum es für seine Dichtkunst unentbehrlich war. Sicher sei er vom Bier abhängig, sagte er einmal, aber er sei ja auch im Winter vom Ofen abhängig.

„Bei der Einfahrt eines Bierfasses", seufzte Ehefrau Caroline, „läuft er seliger umher als bei dem Eintritt eines Kindes in die Welt. Mit Ungeduld werden die Stunden gezählt, und schon im voraus wird mit Trinken gefastet." Das süffige Bayreuther Beckenbier war auch der Grund, warum Jean Paul anno 1804 seinen ständigen Wohnsitz in Bayreuth nahm. Das Bier beflügelte nicht nur Jean Pauls Geist, es veränderte auch seine Gestalt – leider weniger vorteilhaft. Der schwedische Dichter Per Daniel Amadeus Atterbom schilderte 1817 eine Begegnung in Bayreuth: „Wir begeben uns nach der Wohnung dieses merkwürdigen Wesens. Eine Gestalt watschelt auf uns zu, die das Aussehen eines wohlhabenden Gastwirts hat: feist und kahlscheitelig, einen alten grauen Überrock nachlässig über dem stattlichen Bierbauch zugeknöpft, im übrigen offenstehend über der breiten, ziegelroten, behaarten Brust. Mit einem Worte: im tiefsten Neglige."

Von hier treten wir in den weiträumigen *Park der Eremitage* ㊴ ein, der mit seinen vielen landschaftlichen und baulichen Überraschungen zum Besten gehört, was Bayreuth zu bieten hat.

In diesem Zaubergarten hat sich die Fantasie der musischen Markgräfin Wilhelmine ihr schönstes Denkmal gesetzt. Seine Vorgeschichte reicht bis ins frühe 17. Jahrhundert zurück. Als höfische Einsiedelei wurde die Eremitage dann Anfang des 18. Jahrhunderts vom „wilden" Markgrafen Georg Wilhelm begründet. Der Duodezfürst praktizierte hier mit seiner lebenslustigen Gemahlin nach dem Vorbild des französischen Sonnenkönigs Ludwig XIV. ein recht amüsantes Einsiedlerleben. Strohbedeckte Eremitenhäuschen umgaben das „Refektorium" im Schlösschen. Über den Sinnentaumel des „dollen" Paares hatte sich schon Zeitgenossin Liselotte von der Pfalz belustigt.

Historischer Laubengang in der Eremitage.

Die preußische Königstochter Wilhelmine.

Die preußische Königstochter *Wilhelmine*, die Schwester Friedrich des Großen, war es dann, die den höfischen Lustsitz und Musenort auf ihre Weise perfektionierte. Sie vollendete das Gesamtkunstwerk Eremitage, das nach Einschätzung der Kunsthistorikerin Sylvia Habermann um 1750 zu den bedeutendsten Anlagen *europäischer Gartenkunst* gehörte. Geprägt wurde sie durch den Geist des französischen Rokoko. Aus der Einsiedelei wurde ein aufwendiger Sommersitz, in dem beinahe das gesamte Repertoire der zeitgenössischen Gartenkunst ausgeschöpft ist. „Der Fluss (Main) zieht sich um den ganzen

59

Berg", schreibt die Markgräfin in ihren Memoiren, „wohin man auch geht, kommt man durch herrliche Spazierwege und Aussichtspunkte." In das Waldquartier der Eremitage wurden strohgedeckte Häuschen eingefügt – eine Art Reminiszenz an die alte Einsiedelei.

Die erste Sehenswürdigkeit, die uns gleich am Eingang des Parks begegnet, ist auf der linken Seite der *Chinesische Pavillon* auf dem Schneckenberg, der erst Anfang des 21. Jahrhunderts rekonstruiert wurde. Er geht auf einen Vorläufer aus dem Jahr 1771 zurück.

Gartenhistorische Wiedergutmachung

Mit ihm erfuhr das beispielhafte Verschönerungswerk der staatlichen Eremitage-Verwaltung in den letzten Jahrzehnten einen gewissen Abschluss. Dem innovativen Landschaftsarchitekten Herbert Michel gebührt das Verdienst, die Eremitage zuweilen gegen harte Widerstände als Gartenkunstwerk wieder zu höchster Blüte geführt zu haben. In seiner Amtszeit entstand ein großer Teil der Anlagen im südlichen Bereich nach alten Plänen neu – eine bemerkenswerte gartenhistorische Wiedergutmachung. Alljährlich lassen sich Tausende von Besuchern gefangen nehmen von diesem Rokoko-Zaubergarten mit seinen eigenwilligen Bauwerken und prächtigen Wasserspielen.

Der Chinesische Pavillon auf dem Schneckenberg wurde erst Anfang des 21. Jahrhunderts rekonstruiert.

Nach gut hundert Metern erreichen wir Wilhelmines *Orangerie* mit dem *Sonnentempel*. Das Lustschloss wird bekrönt vom goldglänzenden *Apoll mit dem Sonnenwagen*. Er ist die wohl prächtigste Sehenswürdigkeit der Eremitage. Auf den kristallbesetzten Säulenkonsolen der Flügelbauten stehen die 43 *Marmorbüsten* der römischen Kaiser. Der Orangerie vorgelagert ist das große, mit Skulpturen besetzte *Wasserbecken* mit seinen faszinierenden Wasserspielen. Den Eingang der Oberen Grotte flankieren zwei Sandsteinskulpturen, die den *Raub der Sabinerinnen* darstellen. Die hochbegabte, hypersensible und zuletzt tief frustrierte

Der Sonnentempel, bekrönt von Apoll mit dem Sonnenwagen, ist die prächtigste Sehenswürdigkeit der Eremitage.

61

Bilder oben: Die Obere Grotte mit Orangerie und Sonnentempel. Unten links: Sandsteinskulptur „Raub der Sabinerinnen", Seite 63 unten: Untere Grotte mit Wassernymphe.

Markgräfin strebte zeitlebens nach Schönheit und Harmonie. Ihre Enttäuschungen versuchte sie in der Eremitage zu kompensieren. Der Dichter *Voltaire* schmeichelte ihr nach einem dreiwöchigen Aufenthalt: „Bayreuth ist die Kirche, wohin ich wallfahre ... und mich vor der erhabenen Heiligen niederwerfen will."

Beim Spaziergang durch den weitläufigen Park mit seinem herrlichen alten Baumbestand entdeckt der Besucher viele eigenwillige Bauwerke, die vom Treiben einer längst versunkenen höfischen „Spaßgesellschaft" künden. In tiefer Waldabgeschiedenheit breitet sich die *Untere Grotte* mit ihren *Wasserspielen* aus. In der Mitte des von Saint Pierre

entworfenen Bassins eine Wassernymphe mit Delphinen und
Putten – die Brust der Nymphe
dient als Wasserspeier. Die Wasserspiele gehörten ebenso zu den
traditionellen Elementen des Ba-
rocks wie Heckenquartiere und
Laubengänge. Unweit der Unteren
Grotte – am nordwestlichen Rand
des Parks – das Landgut *Monplaisir*. Es verdankt seinen Namen
einem entzückten Ausruf Wilhelmines: „Mon plaisir!" Sogleich erhielt die preußische Königstochter
das Gut 1732 von ihrem Schwiegervater, Markgraf Georg Friedrich Carl, geschenkt.

Landgut Monplaisir am Rand der Eremitage.

Das *Alte Schloss* der Eremitage geht auf Markgraf Georg Wilhelm zurück. Es wurde von Johann David Räntz erbaut und später von Wilhelmines Baumeister vergrößert und eindrucksvoll aufgewertet. Neben einem Musikzimmer, einem japanischen Kabinett und anderen Räumen entstand auch Wilhelmines Arbeitszimmer, das *Chinesische Spiegelkabinett*. In ihm verfasste die Markgräfin ihre berühmten Memoiren, die auch ein Spiegel des Lebensfrustes sind, den die edle Autorin inmitten all der Lustbarkeiten und Annehmlichkeiten entwickelte (siehe Kasten). Neben dem Schlafzimmer die Eremitenzellen, die zeitweise als Maler-Atelier Wilhelmines und als Bedienstetenzimmer genutzt wurden. Für einen Überraschungseffekt sorgen bei Schlossführungen die Wasserspiele im Grottenturm, wie überhaupt das Spiel mit dem Wasser ein Kennzeichen des Bayreuther Rokoko ist.

Im Umfeld des Alten Schlosses stoßen wir auf eine Sehenswürdigkeit, die erst in den 80er Jahren des

Das Alte Schloss der Eremitage.

64

Wilhelmine als Memoirenschreiberin

Wilhelmines „Denkwürdigkeiten", niedergeschrieben in der Eremitage, erregten über ein halbes Jahrhundert nach ihrem Tod riesiges Aufsehen, denn sie rückten das preußische Königshaus in ein schiefes Licht. Da können wir lesen, dass die arme Königstochter im Palast nichts zu essen bekam als eine Wassersuppe mit Salz – dazu „ein Ragout aus alten Knochen voller Haare und mit Unflath". Wir vernehmen auch die herzzerreißende Geschichte von einer Krähe, die ans Fenster ihres Kämmerleins klopfte. Das barmherzige Tier legte ein Stück Brot auf das Fenstergesims des hungrigen Töchterleins. Neben solch rührenden Episoden finden wir in den Memoiren auch handfesten Hofklatsch und Familientratsch, der zu allen Zeiten dankbare Abnehmer hat. Die Historiker nahmen Wilhelmines Erzählungen gründlich unter die Lupe. Einem namhaften Historiker erschienen sie als eitel, prahlend und boshaft. Nachsichtiger urteilte der große Historiker Leopold von Ranke: Ungeachtet aller Widersprüche erkennt er hinter ihren Memoiren eine scharfsinnige, geistvolle und tieffühlende Frau. Nur habe sie in ihrer außerordentlichen Lebhaftigkeit die Dinge gleichsam mit dem Vergrößerungsglas betrachtet: Unangenehmes erscheine dann eben in grellstem Licht.

20. Jahrhunderts nach alten Plänen wiedererstanden ist: die *Kaskade*. Ihre Rekonstruktion wurde anfangs von wütenden Protesten der Naturschützer wegen der erforderlichen Baumfällungen begleitet. Heute ist sie aus der Eremitage nicht mehr wegzudenken. Ein weiterer Anziehungspunkt, von der Kaskade nur wenige Schritte entfernt, ist das *antike Grabmal* des Dichters Vergil, das von Wilhelmines Baumeister Carl Gontard zur

Antikes Grabmal für Wihelmines Schoßhund Folichon.

Die Kapelle des Bayernherzogs Pius. Bild rechts: Lithografie um 1860 mit Kapelle und Ruinentheater.

Erinnerung an die Italienreise des Fürstenpaares einfühlsam nachgestaltet wurde. Statt eines Dichters ist hier indes ein edler Hund begraben. Es ist Wilhelmines Liebling Folichon. In der Eremitage hat er seit einem Vierteljahrtausend ein wahrhaft standesgemäßes Mausoleum ...

In seiner Nähe finden wir zwei weitere denkwürdige Bauwerke. Eine mit Baumrinde verkleidete *Kapelle* erinnert uns an den Bayern-Herzog Pius, der seinem Namen in der Zeit des Biedermeiers alle Ehre machte. Als frommer Eremit verbrachte er hier im stillen Waldfrieden einen beträchtlichen Teil seines Lebensabends.

Nach langer Zeit wieder an die alte Stelle zurückgekehrt: Sokrates.

Gleich daneben das *Römische Theater*, das als künstliche Ruine mit weiten Bögen erbaut wurde. Dieses Erstlingswerk des französischen Baukünstlers St. Pierre wird auch noch im 21. Jahrhundert im Sommer als Theater genutzt.

Vom Römischen Theater gelangen wir zum *Wirtschaftsgebäude* der Eremitage, das jetzt als Hotel, Restaurant und Gartenwirtschaft dient. Vor allem im Sommer erfreut es sich seit jeher großer Beliebtheit. Auf dem weiteren Weg kommen wir an einer *Skulptur* vorbei, die erst nach Jahrhunderte langer Odyssee wieder in die Waldidylle der Eremitage zurückkehrte. Es ist der alte Sokrates, die letzte von ehemals drei Statuen, die einst von Markgraf Friedrich im Park aufgestellt wurden. Die beiden anderen Skulpturen, Homer und Seneca, sind verschollen. Verschwunden sind auch die neun Musen, die einst den „Parnass", einen künstlichen Tuffsteinberg, zierten. Den Rückweg nehmen wir durch den historischen Laubengang, der uns wieder zurück zum Parkplatz an der Königsallee führt.

Der Tuffsteinberg Parnass auf einem alten Aquarell noch mit den neun Musen.

Wer sich nach dieser zauberhaften Zeitreise ins Bayreuther Rokoko ein modernes Vergnügen gönnen will, dem sei abschließend eine Attraktion empfohlen, die unweit der Eremitage kurz vor der Jahrtausendwende entstanden ist: die *Lohengrin-Therme* ④. Sie kann über die Straße zum Stadtteil Seulbitz mit dem Auto in kurzer Zeit erreicht werden. In dieser staatlich anerkannten Heilquelle dürfen sich die Gäste auf „Festspiele der Wellness" (so die Werbebotschaft) freuen – in einer vielgestaltigen Thermenwelt mit zwölf Becken auf tausend Quadratmetern. Auch eine groß angelegte Saunalandschaft gehört zur Angebotspalette. In unmittelbarer Nachbarschaft zur Lohengrin-Therme ist an der Kurpromenade ein Gesundheitszentrum entstanden.

Lohengrin-Therme

„Festspiele der Wellness": Lohengrin-Therme.

Rundweg 6 –
Die Uni auf dem Campus

Die sechste Route unserer Rundwege führt in den Süden der Stadt: vom Naherholungsgebiet „Röhrensee" über die junge Bayreuther Universität zum ehemals markgräflichen *Jagdschloss Thiergarten*. Mit dem Pkw ist der *Röhrensee* ④ über den Wittelsbacherring und die Ludwig-Thoma-Straße rasch erreicht. Zu Fuß ist er nur 15 Minuten vom Stadtzentrum entfernt. Der flache Teich inmitten einer idyllischen Parklandschaft ist seit weit über hundert Jahren ein Lieblingsziel der Bayreuther, die das Gewässer im Sommer zur Kahnfahrt und im Winter zum Eislauf nutzen. Vom Ufer oder von der beliebten Gaststätte aus kann man sich am emsigen Treiben der Wasservö-

Röhrensee

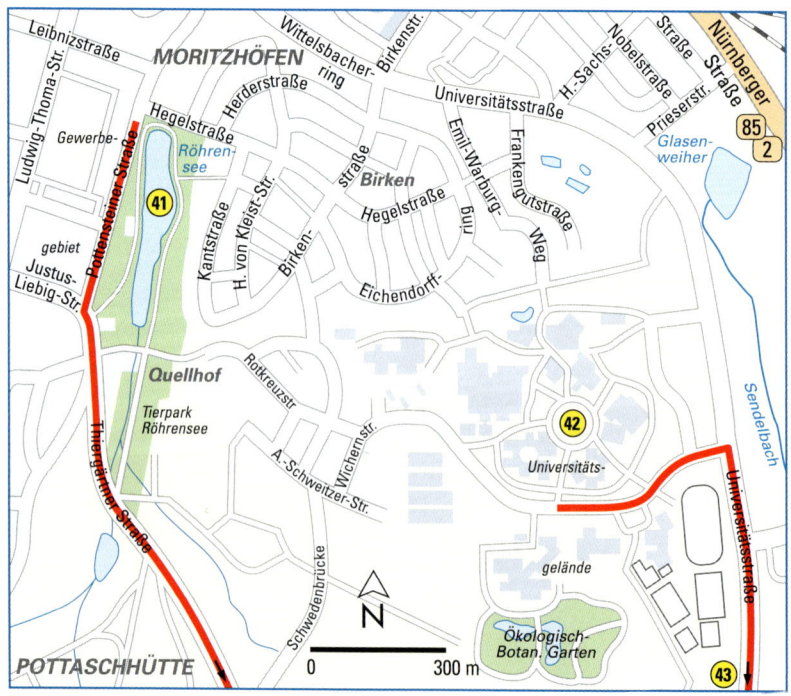

Beliebtes Ausflugsziel: der Röhrensee. Im Sommer lockt eine Kahnfahrt, im Winter der Eislauf.

Kunst auf dem Universitätsgelände.

gel um die sprudelnde Fontäne erfreuen. Idyllisch das historische Terrassencafé. Ein besonderer Anziehungspunkt ist das in den 70er Jahren angelegte Tiergehege mit Damwild, Alpakas, Emus und Pfauen, verbunden mit einem Streichelzoo im hinteren Teil des Parks (Aubachtal).

Über die Thiergärtner Straße erreichen wir, am *„Studentenwald"* vorbei, die Universitätsstraße. Auf einem weiträumigen Campus entstand in den vergangenen drei Jahrzehnten die siebte bayerische *Landesuniversität* ㊷. Nur 20 Minuten Fußweg vom Stadtzentrum entfernt, sind hier alle Einrichtungen vom Vorlesungssaal bis zur Mensa kon-

*Das Universitäts-
gelände aus der
Luft gesehen.*

*„Rostender Kopf"
vor dem Audimax.*

zentriert. In der vergleichsweise kurzen Zeit ihres Be-
stehens hat sich die Hochschule dank ihrer hohen Effi-
zienz einen hervorragenden Ruf erworben, der beim
bundesweiten „Ranking" immer wieder durch Spit-
zenplätze in den verschiedensten wissenschaftlichen
Disziplinen bestätigt wird. Anders als die erste Bayreuther Universität in markgräflicher Zeit, die schon
nach 471 Tagen wegen der Rauflust ihrer Studiosi nach
Erlangen verlegt wurde, hat die junge „Uni der kurzen
Wege" auch bei einem
verschärften Wettbewerb
der Hochschulen eine
gute Zukunft. Ihr Schwer-
punkt liegt bei den Naturwissenschaften mit den
Fakultäten für Mathema-
tik und Physik, Biologie,
Chemie und Geowissen-
schaften. Die jüngste

70

sechste Fakultät für *Angewandte Naturwissenschaften* ist eng mit der Wirtschaft verflochten. Doch auch Studienangebote der Rechts- und Wirtschaftswissenschaftlichen, der Sprach- und Literaturwissenschaftlichen sowie der Kulturwissenschaftlichen Fakultät ziehen Studierende aus der gesamten Republik und auch aus dem Ausland an. Bei einem Spaziergang über den Campus begegnet man auch einer Vielzahl von Kunstwerken zeitgenössischer renommierter Künstler. Am auffälligsten ist der „rostende Kopf" von Wolfgang Bier vor dem Audimax, knapp zwei Meter hoch. Den zentralen Platz säumen sechs bunt lackierte Figuren aus Bronzeguss als studentische Säulenheilige. Viel beachtet ist die „Campus-Galerie" mit Bildern und Skulpturen zeitgenössischer Künstler.

Ein Magnet für Einheimische und Touristen gleichermaßen ist der *Ökologisch-Botanische Garten* mit seinen mehr als zehntausend Pflanzenarten aus allen Regionen. Die 16 Hektar umfassenden Außenanlagen und die großflächigen Gewächshäuser dienen nicht nur für Forschungszwecke – sie stellen auch ein verlockendes Angebot für Naturliebhaber dar. In wenigen Stunden können die Besucher die Pflanzenwelt von den Gebirgsregionen des Himalaja und des Kilimandscharo bis zum tropischen Regenwald und den weiten Prärien Nordamerikas durchstreifen.

6. Fakultät

Campus-Kunst

Botanischer Garten

Der Ökologisch-Botanische Garten ist ein Magnet für Einheimische und Touristen.

Über die Universitäts- und Dr.-Konrad-Pöhner-Straße folgen wir den Wegweisern zum Stadtteil Wolfsbach, wo wir rechts ein Hinweisschild zum *Hotel Schloss Thiergarten* ㊸ finden. Die Nobelherberge steht mitten im einstigen markgräflichen Tiergarten. Hier sollte im frühen 18. Jahrhundert ein Ordensschloss des „Roten-Adler-Ordens" mit vier Flügeln entstehen. Fertig gestellt wurde indes nur der turmartige Kuppelsaal mit seinem westlichen Flügel und einige Wirtschaftsgebäuden. Der Legende zufolge sollen einst die Wildsäue durch den prächtigen Kuppelsaal des markgräflichen Jagdschlosses getrieben worden sein, den herrschaftlichen Jagdgästen auf der Empore direkt vor die Flinte. Heute bietet das „Hotel Schloss Thiergarten" nicht nur Übernachtungsmöglichkeiten „wie zu Zeiten der Markgrafen", sondern auch eine erlesene Küche. Im Sommer tafelt man unter alten Bäumen in einem der schönsten Cafégärten Frankens: wahrlich ein Refugium für touristische Feinschmecker.

Die Nobelherberge Hotel Schloss Thiergarten verfügt über einen idyllischen Cafégarten.

Rundweg 7 – Stadt-friedhof und Schloss Fantaisie

Unsere siebente und letzte Route führt uns in den Westen der Stadt, wo wir zwei höchst unterschiedliche Sehenswürdigkeiten den Bayreuth-Besuchern vorstellen wollen. Vom Hohenzollernring biegen wir mit dem Pkw in die Erlanger Straße ein, die uns nach wenigen hundert Metern zum historischen *Stadtfriedhof* ④ führt. Wer eine Stadt kennenlernen will, der sollte unbedingt auch ihre Friedhöfe besuchen. Der 1545 angelegte Stadtfriedhof ist – mit den Augen eines Kunsthistorikers betrachtet – wohl der bedeutendste in Oberfranken und einer der künstlerisch wertvollsten in Bayern. Die alten Gräber und Grüfte sind mit manchem Meisterwerk der Bildhauerkunst ausgestattet.

Stadtfriedhof

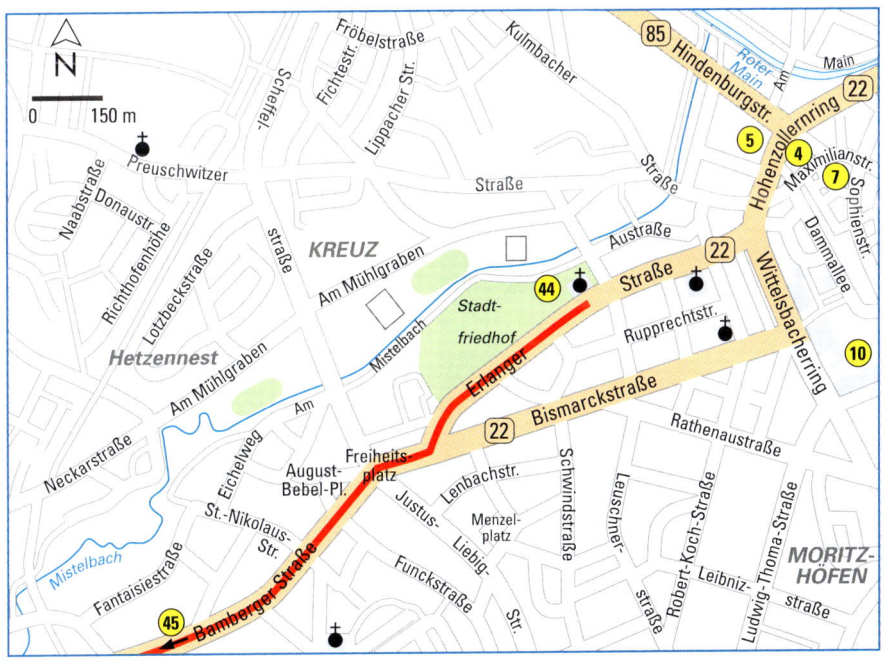

73

Oben: Ruhestätte von Jean Paul.
Unten: Grabkapelle von Franz Liszt.

Hier ruht der Dichter *Jean Paul* unter einem Findling aus dem Fichtelgebirge. Unweit seiner Ruhestätte steht die *Grabkapelle* des Komponisten und Klaviervirtuosen *Franz Liszt*. Der Schwiegervater Richard Wagners wollte dort begraben sein, wo er sterben würde. Sein Ende kam im Festspielsommer 1886, als er nach langer Abwesenheit wieder einmal in Bayreuth weilte. Die im Zweiten Weltkrieg zerstörte Grabkapelle wurde in den 70er Jahren wieder sorgfältig rekonstruiert. Aus dem Gräberfeld ragt das prunkvolle Grabdenkmal mit Kuppel des *Herzogs Alexander* von Württemberg hervor, um 1850 die einflussreichste Persönlichkeit der Region. Sein herrschaftlicher Sitz, Schloss Fantaisie in Donndorf (Gemeinde Eckersdorf), wird das zweite Ziel dieser Route sein.

Unweit dieses Mausoleums hat die *Wahnfried-Familie* ihre letzte Ruhestätte gefunden, mit Ausnahme von Stammvater Richard Wagner und Frau Cosima. Bemerkenswert auch die Grabdenkmäler bedeutender Festspiel-Mitwirkender, wie die des ersten „Ring"-Dirigenten *Hans Richter* und der Sängerin *Maria Müller*, die unter einem schlichten Grabstein liegt. Zahlreiche Schilder auf dem Friedhof weisen den Weg zu den letzten Ruhestätten bedeutender Bayreuther.

Aber auch einfache Bürger leisteten sich prächtige Grabmäler. Kein anderes Denkmal hat die Friedhofsbesucher seit jeher so gerührt wie der Grabstein der *Stecknadelbraut*. In den 90er Jahren wurde er wegen der Witterungseinflüsse in die Aussegnungshalle (in der Mitte des Friedhofs) verlegt. Barockbildhauer Elias Räntz hat auf ihm ein familiäres Drama künstlerisch nachempfunden. Zu sehen ist die überlebensgroße Figur der fast 19-jährigen Gerberstochter Margaretha Katharina Schlenck, die am Hochzeitstag beim Anlegen des Brautkleids eine Stecknadel verschluckte. So wurde der 25. Juni 1721, der ihr schönster Tag werden sollte, ihr Todestag. Mit ausgestrecktem Zeigefinger deutet die Jungfrau auf ihre Magengegend hin.

Der Grabstein der „Stecknadelbraut"

Nicht mehr aufzufinden ist dagegen das Grab der *Marianne Thekla Mozart*, dessen genaue Lage um 1900 noch genau bekannt war. Mozarts „Augsburger Bäsle" starb hochbetagt im Januar 1841 in Bayreuth. Am Friedhofseingang neben der Aussegnungshalle ist eine Gedenktafel für sie angebracht.

Die Gartenfront von Schloss Fantaisie.

Wir verlassen den Stadtfriedhof und fahren etwa sechs Kilometer weiter nach Donndorf-Eckersdorf zum *Schloss Fantaisie* ㊺. In unmittelbarer Nähe des Schlosses, im *Hotel Fantaisie*, verbrachte Richard Wagner mit seiner Familie die ersten viereinhalb Monate nach seiner Übersiedlung von Tribschen. In den Tagebüchern Cosimas können wir nachlesen, wie schnell die Wagners ihre neue ländliche Heimat kennen

und lieben lernten. Schloss Fantaisie wurde damals noch von Herzog Alexander von Württemberg und seiner schönen Frau Emilie bewohnt.

In den letzten siebzig Jahren wechselten wiederholt die Besitzer dieses Herrschaftssitzes, mit dessen Bau noch Markgraf Friedrich begonnen hatte. Friedrichs und Wilhelmines einzige Tochter Elisabeth Friederike Sophie – nach dem fachmännischen Urteil Casanovas Europas schönste Prinzessin – war die erste Schlossherrin. Sie gab dem Monumentalbau den Namen „Fantaisie" und ließ den spätbarocken Garten anlegen. **Pavillon, Kaskade und Neptunbrunnen** Auch der *Pavillon*, die *Kaskade* und der *Neptunbrunnen* stammen aus der Zeit der Herzogin, die sich nach der Trennung von Ihrem Gemahl Karl Eugen von Württemberg tief enttäuscht hierher zurückzog. In den folgenden hundert Jahren wurde der Landschaftsgarten umgestaltet und erweitert. Eine *Katakombe* und eine *Säule der Eintracht* kamen hinzu und das Schloss erhielt nach einem Umbau sein heutiges Aussehen.

Katakombe
Säule der Eintracht

Im letzten Jahrhundert war zeitweise sogar der NS-Lehrerbund Herr im Haus, bevor das Anwesen in ein langes Dornröschendasein verfiel. Erst mit Beginn des 21. Jahrhunderts erfuhr das Schloss eine bedeutende **Gartenkunstmuseum** Aufwertung als Sitz des ersten deutschen *Gartenkunstmuseums*. Zahlreiche wertvolle Exponate erzählen in den historischen Räumen die Geschichte der

Gartenkunst vom 17. bis zum 19. Jahrhundert. Eines der eindrucksvollsten Schauobjekte ist eine Nachbildung des berühmten *Spindler-Kabinetts*. Im idyllischen *Schlosspark* sind die drei wichtigen Stilphasen Rokoko, Empfindsamkeit und Historismus als prägende Gestaltungselemente integriert. Der jüngste Anziehungspunkt – im Mai 2005 eingeweiht – ist die sorgfältig rekonstruierte *Kaskade*.

Das wohl schönste literarische Denkmal wurde der Fantaisie vom Dichter Jean Paul in seinem Roman *Siebenkäs* gesetzt. Das Schloss und sein zauberhafter Park sind für ihn der „erste Himmel um Baireuth".

Spindler-Kabinett
Schlosspark

Kaskade

Siebenkäs

Schloss Fantaisie: Neptunbrunnen mit Kaskade.

Ausflugsziele in der Umgebung

Rundwanderweg zu Fuß

Bayreuth liegt eingebettet in einer Keupermulde, umgeben von einem Kranz bewaldeter Hügel: im Norden die *Hohe Warte* mit ihren Rhätsandsteinhöhlen, im Westen der *Rote Hügel*, im Süden die *Bärenleite* mit dem *Sophienberg* und im Osten die Muschelkalkwände von *Rodersberg*, *Oschenberg* und *Bindlacher Berg*. So liegt es nahe, die Stadt im Talkessel auf einem *Höhenwanderweg* zu umrunden. Hilfreich ist dabei die Wanderkarte *Rundwanderwege um Bayreuth* (Naturfreunde Ortsgruppe Bayreuth) im Maßstab 1:50 000. Der Rundwanderweg (Gesamtlänge etwa 55 Kilometer) ist in der Natur mit einem *R* markiert. Er kann an vielen Stellen unterbrochen werden.

Tüchersfeld – das berühmte Felsendorf in der Fränkischen Schweiz.

Auf Radwegen

Die gesamte Stadt ist von so vielen Radwegen durchzogen, dass es sogar einen *Stadtplan für Radfahrer* gibt. Auf den Trassen von zwei ehemaligen Lokalbahnen können wir das Bayreuther Umland „erfahren" (empfehlenswert ist die Karte *Radeln im Landkreis Bayreuth* des Landkreises Bayreuth). Nach Norden führt ein Radweg nach Thurnau, nach Westen erschließt ein zweiter Radweg über Plankenfels den Zugang zur *Fränkischen Schweiz* und führt weiter bis nach Hollfeld.

Mit dem Auto

Der schönste Überblick über das Bayreuther Land bietet sich auf der *Neubürg*, mit 587 m das beherrschende Merkmal des Hummelgaus. Hier kann man versteinerte Überreste von prähistorischen Meerestieren finden und sich an neuzeitlichen Kunst-Installationen (*NaturKunstRaum*) erfreuen. Auch Trebgast mit seinem Badesee und die „fränkische Bierstadt" Kulmbach mit ihrer Plassenburg sind lohnende Ziele.

Ein weiterer Ausflug führt uns durch den Veldensteiner Forst in den *Naturpark Fränkische Schweiz*, in das „Land der Burgen, Täler und Höhlen". Sehenswert die *Teufelshöhle*, die größte Tropfsteinhöhle Deutschlands, Potten-

stein mit seiner Burg, Tüchersfeld, Göß-
weinstein (barocke Wallfahrtskirche von
Balthasar Neumann – die Burg war Richard
Wagners Vorbild für die Gralsburg im *Par-
sifal*), Eggloffstein (Burg) und Streitberg
(Binghöhle, „Pilgerstube"). Auch die Burg
Rabenstein mit Sophienhöhle und Klaus-
steinkapelle, Waischenfeld und Obernsees
(Thermalbad) sind beliebte Ziele.

Wie ein Kontrastprogramm wirkt ein
Ausflug in die gebirgige Landschaft des
Naturparks Fichtelgebirge mit seinen
höchsten Erhebungen, dem einsamen
Schneeberg (1053 m) und dem sagenum-
wobenen *Ochsenkopf* (1024 m), der schon
Goethe anzog. Der Gipfel ist bequem mit
Seilschwebebahnen oder zu Fuß erreichbar.

*Blick auf den „Steinernen Beutel"
oberhalb von Waischenfeld.*

Zu empfehlen ist auch der Besuch einer Glasschleiferei und der *Kristall Ra-
don-Sole-Therme* mit radonhaltigem Thermalwasser in Fichtelberg. Den Spa-
ziergängern ist vor allem der *Fichtelsee* (mit einem *Gedenkstein* für Jean Paul)
und der *Kurpark* des Kneippheilbades Bad Berneck mit Blick auf die
romantischen Burgruinen zu empfehlen.

Auch im Südosten von Bayreuth locken Ausflugsziele. Durch den *Naturpark Steinwald* fahren wir nach Waldsassen (Koster-Stiftskirche um 1700,
Klosterbibliothek mit einmaligen Holzschnitzereien, Stiftlandmuseum). Nur
wenige Kilometer entfernt sind das Thermalbad Sybillenbad (Radonbad) sowie die Wallfahrtskirche Kappel, ein Meisterwerk des Barock von Georg
Dientzenhofer. Über Bad Alexandersbad (Trinkhalle, Kurpark mit markgräfli-
chem Schloss, 18. Jahrhundert) führt die Route zur *Luisenburg*, einem Felsen-
labyrinth, das schon Goethe begeisterte. Alljährlich im Sommer locken die
Festspiele auf der Naturbühne mehr als
100 000 Besucher an.

Besonders lohnend ist ein Ausflug über
Thurnau (mittelalterliches Stadtbild,
Schloss, Kirche, Töpfereien) nach *Sanspareil* (markgräflicher Felsengarten mit
Theater) mit Burg Zwernitz und durch
das romantische *Kleinziegenfelder Tal*
sowie das Maintal mit der Stadt Bamberg, der Basilika Vierzehnheiligen,
dem Staffelberg und Kloster Banz.

*„Goethefelsen" auf dem Ochsenkopf im
Fichtelgebirge.*

Geschichte in Zahlen

1035   Das Dorf Seulbitz (seit 1976 Bayreuther Stadtteil) wird in einer Urkunde von Kaiser Konrad II. genannt

1194   Erste urkundliche Erwähnung des Ortes Bayreuth als „Baier-rute" durch Bischof Otto II. von Bamberg.

1231   Verleihung des Stadtrechts

1260   Bayreuth geht in den Besitz der Burggrafen von Nürnberg über

1430   Die Stadt wird von Hussiten erobert und zerstört

1533   Markgraf Georg führt mit der neuen Kirchenordnung die Reformation ein

1603   Markgraf Christian verlegt die Residenz von   Kulmbach nach Bayreuth

1605   Großer Stadtbrand

1702   Gründung der Stadt St. Georgen

1735   Amtsantritt des Markgrafenpaares Friedrich und Wilhelmine

1742   Gründung der ersten Bayreuther Universität (1743 Verlegung nach Erlangen)

1748   Einweihung des Markgräflichen Opernhauses

1792   Nach dem Rückzug des Markgrafen Alexander fällt das Fürstentum Bayreuth an das Königreich Preußen

1804   Übersiedlung des Dichters Jean Paul nach Bayreuth

1806   Bayreuth wird französische Provinz

1810   Durch Napoleon kommt Bayreuth zum Königreich Bayern

1872   Richard Wagner übersiedelt nach Bayreuth

1876   Die ersten Festspiele mit dem „Ring des Nibelungen"

1882   Uraufführung des „Parsifal"

1883   Tod Richard Wagners

1924   Wiederbeginn der Festspiele nach 10-jähriger Pause

1933   Bayreuth wird Hauptstadt des NS-Gaues „Bayerische Ostmark"

1945   Bayreuth wird bei Luftangriffen zu über einem Drittel zerstört

1951   Wiederaufnahme der Festspiele („Neu-Bayreuth")

1975   Aufnahme des Lehrbetriebes an der Universität

1993   Bayreuth wird Oberzentrum

1994   800jähriges Stadtjubiläum

1999   Eröffnung der Lohengrin-Therme

2009   Baubeginn für die Marktplatz-Umgestaltung

Sie waren mit Bayreuth eng verbunden – bedeutende Persönlichkeiten

Gontard, Carl Philipp Christian von (1738–1791), berühmter Baumeister in der Markgrafenzeit (Reitzenstein-Palais, Hofapotheke, eigenes Wohnhaus, Palais d'Adhemar, Jägerhaus), später in Berlin-Potsdam.

Graser, Dr. Johann Baptist (1766–1841), Bayreuther Kreisschulrat, bedeutender Schulreformer.

Humboldt, Alexander von (1769–1859), Naturforscher, Geograph, reaktiviert 1791–1794 als kgl.-preuß. Beauftragter den Bergbau im ehemaligen Fürstentum Bayreuth.

Standbild Jean Pauls auf dem Jean-Paul-Platz.

Jean Paul Friedrich Richter (1763–1825), einer der bedeutendsten Poeten seiner Zeit. Der kauzige fränkische Dichterfürst lebte von 1804 bis zu seinem Tod in Bayreuth. Grabstein aus Fichtelgebirgsgranit im Stadtfriedhof.

Leuschner, Wilhelm (geb. 1890 Bayreuth, hingerichtet 1944), Gewerkschaftsführer, hessischer Innenminister, Widerstandskämpfer gegen den Nationalsozialismus.

Liszt, Franz (geb. 1811, gest. 1886 Bayreuth), Vater von Cosima Wagner, Pianist, Komponist, Förderer Richard Wagners, Grabkapelle im Stadtfriedhof.

Markgräfin Wilhelmine (1709–1758), preußische Prinzessin, Lieblingsschwester Friedrichs d. Großen, erwarb sich große Verdienste um die bauliche Ausgestaltung von Bayreuth (Opernhaus, Neues Schloss, Reithalle, Eremitage u.a.). Berühmt wurden ihre Memoiren.

Stirner, Max / Johann Kaspar Schmidt (geb. 1806 Bayreuth, gest. 1856), Philosoph. Entwickelte das System eines extremen Individualismus.

Schnell gefunden

Alphabetisches Verzeichnis der Sehenswürdigkeiten. Die halbfette Ziffer zeigt die Route an, die normal gedruckte verweist auf die betreffende Seite.

Altes Rathaus **1**; 17
Altes Schloss **1**; 29

Burggüter **1**; 22
Bürgerreuth **3**; 47

Christuskirche **3**; 48

Eremitage **5**; 59
„Eule" (Künstlerkneipe) **1**; 17

Gravenreuther Stift **4**; 50

„Fantaisie" mit Gartenkunst-
   museum **7**; 75
Festspielhaus **3**; 44
Freimaurer-Museum **2**; 40
Friedhof „St. Georgen" **4**; 52
Friedrichstraße **1**; 22

Historisches Museum **1**; 20
Hofgarten **2**; 39

Italienischer Bau **1**; 26
Iwalewa-Haus **2**; 35

Jean-Paul-Denkmal **1**; 23
Jean-Paul-Museum **2**; 38

Kunstmuseum **1**; 17

Liszt-Museum **2**; 39

Markgrafenbrunnen **1**; 26
Markgräfliches Opernhaus **2**; 32

Marktplatz **1**; 15
Mohrenapotheke **1**; 16
Neptunbrunnen **1**; 16
Neues Rathaus **1**; 12
Neues Schloss **1**; 26

Ökologisch-Botanischer
   Garten **6**; 71
Ordenskirche **4**; 51
Ordensschloss St. Georgen **4**; 53

Regierung von Oberfranken **1**; 28
Reiterbrunnen **2**; 31
Richard-Wagner-Museum **2**; 37
Röhrensee **6**; 68
Rollwenzelei **5**; 56

Schlosskirche **1**; 30
Schloss Thiergarten **6**; 72
Schlossturm **1**; 29
Schwindsuchtshäuschen **1**; 20
Spitalkirche **1**; 16
Stadtfriedhof **7**; 73
Stadtkirche **1**; 18
St. Georgen **4**; 49
St. Johannis **5**; 57
Synagoge **2**; 35

Universität **6**; 69

Wahnfried **2**; 36
Wittelsbacher Brunnen **2**; 34

Wichtiges in Kürze

**Kongress- und Tourismus-
zentrale Bayreuth
Tourist-Info**
(Führungen, Ausflüge, Hotels)
Luitpoldplatz 9, Tel. 88 5 88
www.bayreuth-tourismus.de

Polizei
Tel. 110

Feuerwehr
Tel. 112

Rettungsdienst/Notarzt
Tel. 112

ADAC-Service-Center
Hohenzollernring 64
Tel. 0 18 05 10 11 12

ADAC-Pannenhilfe
Tel. 0 18 02 22 22 22

Taxen
Tel. 6 44 22, 6 60 60, 2 23 33,
2 20 11 u.a.

Deutsche Bahn AG
Tel. 0 18 05 99 66 33

**Stadtverwaltung
Neues Rathaus,** Tel. 25-0
Dachterrasse, Mai–Okt Mo–Do
10–16 Uhr, Fr 10–15 Uhr

Theaterkasse, Ticket-Service
Luitpoldplatz 9, Tel. 69 00 1

Markgräfliches Opernhaus
Opernstr. 14, Tel. 7 59 69-22
Apr–Sept tägl. 9–18 Uhr,
Okt–März tägl. 10–16 Uhr

Festspielhaus
Tel. 78 78-0
Führungen: Di–So 10, 11, 14 und 15
Uhr; Juni, Juli, August und Novem-
ber keine Führungen

Neues Schloss
Ludwigstraße, Tel. 7 59 69-21
April–Sept tägl. 9–18 Uhr,
Okt–März Di–So 10–16 Uhr

Bayreuths Einkaufsmeile: das Rotmain-Center.

Der Herzogkeller aus dem 19. Jahrhundert fasst nahezu tausend Gäste.

Eremitage, Altes Schloss
Tel. 7 59 69-37
Apr–Sept tägl. 9–18 Uhr,
1.–15. Okt. 10–16 Uhr,
16. Okt-Mrz geschlossen

Wasserspiele in der Eremitage
Mai-Mitte Okt

Obere Grotte tägl. 10, 11,12, 13, 14, 15, 16 und 17 Uhr; Untere Grotte jeweils 15 Minuten später

Historische Biergärten
Herzogkeller (seit 1885), Hindenburgstraße 9, geöffnet ab 1. Mai; wunderschön über dem Maintal gelegen. Erreichbar über die Hindenburgstr. (nach Brauerei Maisel) und über die Kulmbacher Straße
Storchenkeller, („Zur Sudpfanne"), Oberkonnersreuther Str. 6,
Tel. 5 28 83
Glenk Saal Biergarten
Eichelweg 12, Tel. 6 30 60

Richard-Wagner-Museum (Haus Wahnfried)
Richard-Wagner-Str. 48,
Tel. 7 57 28-16
Apr–Okt tägl. 9–17 Uhr, Di + Do 9–20 Uhr; Musik 10, 12, 14 Uhr;
Video 11, 15 Uhr;
Nov–März tägl. 10–17 Uhr

Jean-Paul-Museum
Wahnfriedstr. 1 (neben Haus Wahnfried), Tel. 5 07 14 44

*In Franken als Theater geschätzt:
Bayreuths „Studiobühne".*

Sept–Juni tägl. 10–12, 14–17 Uhr;
Juli/Aug tägl. 10–17 Uhr

Franz-Liszt-Museum
Wahnfriedstr. 9/Ecke Lisztstraße
Tel. 5 16 64 88
Sept–Juni tägl. 10–12, 14–17 Uhr;
Juli/Aug tägl. 10–17 Uhr

Kunstmuseum
Altes Rathaus, Maxstr. 33,
Tel. 7 64 53-10
Di–So 10–17 Uhr
Juli/Aug auch Mo 10–17 Uhr

Historisches Museum
Kirchplatz 6, Tel. 7 64 01 11
Sept–Juni Di–So 10–17 Uhr;
Juli/Aug tägl. 10–17 Uhr

Urwelt-Museum Oberfranken
Kanzleistr. 1, Tel. 51 12 11
www.Urwelt-Museum.de
Di–So 10–17 Uhr
Juli/Aug auch am Mo geöffnet

Deutsches Freimaurer-Museum
Im Hofgarten 1, Tel. 6 98 24
Di–Fr 10–12 Uhr, 14–16 Uhr,
Sa 10–12 Uhr;
während der Festspielzeit
Mo–So 10–16 Uhr

Iwalewa Haus
Münzgasse 9, Tel. 55-36 81
Di–So 14–18 Uhr

**Ökologisch-Botanischer Garten
der Universität Bayreuth**
Außenanlagen Mo–Fr 8–17 Uhr
Gewächshäuser + Außenanlagen
sonn- und feiertags 10–16 Uhr

Bayreuther Plakatmuseum
Friedrich-Puchta-Str. 12,
Tel. 8 24 58
Di + Do 16–18 Uhr und nach Ver-
einbarung

Feuerwehrmuseum
An der Feuerwache 4, Tel. 4 62 59
Sa und So nach Vereinbarung

**Maisel's Brauerei-
und Büttnereimuseum**
Kulmbacher Str. 40, Tel. 40 12 34
Führungen Einzelpersonen tägl. 14
Uhr; Gruppen ab 12 Pers. jederzeit
nach Vereinbarung

Porzellanmuseum Walküre
Gravenreutherstr. 5, Tel. 78 93 00
Mo–Fr 10–16 Uhr

Wo Sarazen Art
Kunstauktionshaus Waltraud Boltz
Brandenburger Str. 36, Tel. 2 06 16
geöffnet nach Vereinbarung

*Gewölbekeller für die Einlagerung von Bier
sind im Brauerei-Museum zu besichtigen.*

Das Cineplex – Bayreuths modernes Kinocenter im Stadtzentrum.

**Museum für bäuerliche Arbeits-
geräte**
Adolf-Wächter-Str. 17, Tel. 5 75 15
Mai–Okt Mo–Fr 9–12 Uhr,
2. Nov–30. Apr nach Vereinbarung

**Deutsches Schreibmaschinen-
museum**
Bernecker Str. 11, Tel. 2 34 45
Mo–Fr nach Vereinbarung

Archäologisches Museum
Im Italienischen Bau des Neuen
Schlosses, Sitz des Historischen
Vereins für Oberfranken
Ludwigstr. 25 b, Tel. 6 53 07
1. So im Monat 10–12 Uhr,
Apr–Okt Sa 10–15 Uhr

Wilhelm-Leuschner-Gedenkstätte
Moritzhöfen 25, Tel. 1 50 72 00
Di–Fr 10–14 Uhr,
Sa + So 13–16 Uhr;
15.12.–6.1. geschlossen

**Gartenkunstmuseum Schloss
und Park Fantaisie**
Bamberger Str. 3, 95488 Eckers-
dorf-Donndorf, Tel. 73 14 00 11
Apr–Sept 9–18 Uhr, montags geschlossen; 1.–15. Okt 10–16 Uhr
16. Okt–Mrz geschlossen

Naturkundemuseum
Karolinenreuther Str. 58, Tel. 75 94 20
Di–Fr 9–16 Uhr,
Sa + So 13–17 Uhr

Bayreuther Festkalender

Sechs TOLLE Tage
Fastnacht auf dem Markt

Frühlingsfest
Ende März/Anfang April

Musica Bayreuth
Mai

Volksfest
an 11 Tagen über Pfingsten

Bürgerfest
am ersten Juli-Wochenende

Künstlermarkt
Anfang Juli

Bayreuther Festspiele
25. Juli – 28. August

Sommernachtsfest
in der Eremitage Ende Juli/Anfang August

Christkindlesmarkt
1.12.–23.12. rund um den Neptunbrunnen am Markt

Wichtige Jubiläen

2010: Bayreuth 200 Jahre
     bei Bayern
2011: 200. Geburtstag
     von Franz Liszt
2013: 200. Geburtstag
     von Richard Wagner
     250. Geburtstag
     von Jean Paul

Zum Vormerken

2016: Landesgartenschau
     in Bayreuth

Der Bayreuther Christkindlesmarkt.

Erläuterung zum Stadtplan

1. Neues Rathaus
2. Kongress- und Tourismus-zentrale
3. La-Spezia-Platz/Schloss-terrassen
4. Bürgerspital und Spital-kirche
5. Rotmain-Center
6. Markt (Maximilianstraße)
7. Mohren-Apotheke
8. Altes Rathaus mit Kunst-museum
9. Stadtkirche, Schwind-suchtshäuschen und Historisches Museum
10. Friedrichstraße
11. Stadthalle
12. Neues Schloss mit Italieni-schem Bau
13. Regierung v. Oberfranken
14. Sternplatz
15. Altes Schloss mit Schloss-turm und Schlosskirche
16. Markgräfliches Opern-haus
17. Synagoge
18. Iwalewa-Haus (ehem. markgräfliche Münze)
19. Haus Wahnfried (Richard-Wagner-Museum)
20. Chamberlain-Haus (Jean-Paul-Museum)
21. Franz-Liszt-Museum
22. Hofgarten
23. Freimaurer-Museum
24. Bahnhof
25. Festspielpark
26. Festspielhaus
27. Bürgerreuth/Siegesturm
28. Wilhelmsplatz mit Christuskirche
29. Brandenburger Straße
30. Gravenreuther Stift mit Stiftskirche und ehemali-ge Kaserne
31. Markt St. Georgen
32. Ordenskirche
33. St. Georgener Friedhof
34. Ordensschloss
35. Prinzessinnenhaus
36. Gefängnis
37. Rollwenzelei
38. Philippsruh
39. Eremitage
40. Lohengrin-Therme
41. Röhrensee
42. Universität mit Ökologisch-Botanischem Garten
43. Schloss Thiergarten
44. Stadtfriedhof
45. Fantaisie mit Garten-kunstmuseum